Aktienoptionspläne in Handels- und Steuerrecht

von

Anke Bieber

Tectum Verlag
Marburg 2001

Die Deutsche Bibliothek - CIP-Einheitsaufnahme

Bieber, Anke:
Aktienoptionspläne in Handels- und Steuerrecht
/ von Anke Bieber
- Marburg : Tectum Verlag, 2001
ISBN 3-8288-8263-3

Tectum Verlag
Marburg 2001

Inhaltsverzeichnis

Abbildungsverzeichnis

Abkürzungsverzeichnis

Abs.	Absatz	
AFG	Arbeitsförderungsgesetz	
AG	Aktiengesellschaft	
AG	Die Aktiengesellschaft	(Zeitschrift)
AktG	Aktiengesetz	
APB	Accounting Principles Board	
Atyp.	Atypisch	
AVP	Angestelltenversicherungsgesetz	
Az.	Aktenzeichen	
BB	Betriebs-Berater	(Zeitschrift)
bearb.	bearbeitet	
BFH	Bundesfinanzhof	
BGB	Bürgerliches Gesetzbuch	
BHF-Bank	Berliner Handels- und Frankfurter Bank Aktiengesellschaft	
BMF	Bundesministerium der Finanzen	
BSG	Bundessozialgesetz	
bspw.	beispielsweise	
BStBl.	Bundessteuerblatt	
bzw.	beziehungsweise	
DB	Der Betrieb	(Zeitschrift)
d.h.	das heißt	
DM	Deutsche Mark	
DStR	Deutsches Steuerrecht	(Zeitschrift)
DStZ	Deutsche Steuerzeitung	(Zeitschrift)
EFG	Entscheidung der Finanzgerichte	(Zeitschrift)
evtl.	eventuell	
EStG	Einkommensteuergesetz	
FAZ	Frankfurter Allgemeine Zeitung	
FASB	Financial Accounting Standards Board	
ff.	fortfolgende	
gem.	gemäß	

GmbHG	Gesellschaft mit beschränkter Haftung-Gesetz
GuV	Gewinn- und Verlustrechnung
HGB	Handelsgesetzbuch
Hrsg.	Herausgeber
i.d.R.	in der Regel
Inc.	Incorporated
INF	Die Information über Steuer und Wirtschaft (Zeitschrift)
inkl.	inklusive
i. S.	im Sinne
Jg.	Jahrgang
KGaA	Kommanditgesellschaft auf Aktien
KonTraG	Gesetz zur Kontrolle und Transparenz im Unternehmensbereich
KStG	Körperschaftsteuergesetz
LG	Landgericht
LStDV	Lohnsteuerdurchführungsverordnung
Max.	Maximal
Min.	Minimal
Mio.	Millionen
n. F.	neue Fassung
No.	Number
Nr.	Nummer
NV	Nicht veröffentlicht
NWB	Neue Wirtschaftsbriefe
NZB	Nichtzulassungsbeschwerde
o.ä.	oder ähnliches
o.V.	ohne Verfasser
Par.	Paragraph
pers. haft.	persönlich haftender
PublG	Publizitätsgesetz
Rn.	Randnummer
RVO	Rentenversicherungsverordnung
Rz.	Randziffer

S.	Seite	
sog.	sogenannt	
StB	Der Steuerberater	(Zeitschrift)
Tab.	Tabelle	
Typ.	Typisch	
u.a.	unter anderem	
US-$	United States-Dollar	
US-GAAP	United States-Generally Accepted Accounting Principles	
u.U.	unter Umständen	
v.	vom	
Vgl.	Vergleiche	
Vol.	Volume	
WiSt	Wirtschaftsstudium	(Zeitschrift)
WM	Zeitschrift für Wirtschafts- und Bankrecht	
WpHG	Wertpapierhandelsgesetz	
ZfB	Zeitschrift für Betriebswirtschaft	
ZfbF	Zeitschrift für betriebswirtschaftliche Forschung	
ZHR	Zeitschrift für das gesamte Handels- und Wirtschaftsrecht	
ZIP	Zeitschrift für Wirtschaftsrecht	

1 Einleitung

1.1 Kurzer Einblick in den Kerngedanken von Mitarbeiterbeteiligungen

„Bei den strategischen Erfolgsfaktoren", so erklärt Professor Walter Burian von der Arbeitsgemeinschaft Partnerschaft in der Wirtschaft, „spielen die Motivation der Mitarbeiter, der kooperative Führungsstil und die Identifikation mit den Unternehmenszielen die wichtigste Rolle."[1] In der heutigen Zeit stehen Partnerschaft und Konsens statt Konfrontation an oberster Stelle. Die Höhe des Einkommens ist nicht mehr alleine entscheidend für den Einsatz im Unternehmen. Eine Möglichkeit, den Einsatz im Unternehmen zu fördern, ist die Einführung von sog. Mitarbeiterbeteiligungs-Programmen.

Die nun nachfolgende Arbeit beschäftigt sich mit einer besonderen Form der Mitarbeiterbeteiligung, der Aktien Option oder auch Stock Option. Es wird auf die steuerlichen, handelsrechtlichen und gesellschaftsrechtlichen Aspekte der Einräumung von Stock Options eingegangen. Denn es stellt sich u.a. die Frage, wie sich ein Optionsrecht steuerlich beim Begünstigten und beim Unternehmen auswirkt. Auch spielt der Zeitpunkt der Besteuerung eine entscheidende Rolle und wird vielfach in der Literatur diskutiert.

Mit dem Aufkommen des Gedankens in deutschen Unternehmen, daß der Marktwert des Unternehmens eine zentrale Erfolgsmeßzahl sein könnte, wurden verschiedene Formen ergänzender erfolgsabhängiger Vergütungsformen in Betracht gezogen, so z.B. auch Stock Options.[2] Stock Options gewähren dem Begünstigten (Optionsberechtigter) das Recht, innerhalb eines festgelegten Ausübungszeitraumes (Optionsfrist) eine bestimmte Zahl von Aktien des Arbeitgebers zu einem vorher vereinbarten Preis (Ausübungs- bzw. Bezugspreis)

---

[1]   Vgl. Internet: http://www.merkur.de/archiv/texte/0000001012.htm: „Wo jeder profitiert", vom 17. Dez. 1997.

[2]   Vgl. Dr. Menichetti, Marco J., (Aktienoptionsprogramme für das Top-Management), DB, 1996, S. 1688.

zu erwerben.[3] Die Ausgestaltung von Stock Options, d.h. in der Verteilung von Chance und Risiko aus der Änderung des Aktienkurses entsprechen diese weitgehend den an den Wertpapiermärkten gehandelten Call-Optionen. Hier verpflichtet sich der sog. Stillhalter, dem Optionsberechtigten auf Anforderung eine bestimmte Zahl von Aktien eines Unternehmens zu einem festgelegten Preis zu liefern. Die Option kann in der Regel nur ausgeübt werden, wenn die Aktie nach Ablauf der Haltefrist einen von vornherein fixierten Kurs (Zielkurs) erreicht hat.[4] Der Inhaber des Optionsscheins hat die Chance der Kurssteigerung, der Stillhalter das dementsprechende Risiko. Für dieses Risiko erhält der Stillhalter jedoch ein Entgelt, die sog. Optionsprämie. Bei Stock Options verzichtet der Arbeitgeber[5] auf die Optionsprämie zugunsten des Mitarbeiters.

Stock Options Programme werden aber nicht nur unter steuerlichen Aspekten in den Unternehmen eingeführt. Sie werden z.B. auch als Instrument eingesetzt, um das sog. „Principal-Agent"-Problem[6] in Aktiengesellschaften zu entschärfen. Nach der Principal-Agent-Theorie decken sich die Interessen von Management und Aktionären einer börsennotierten Gesellschaft nicht immer vollständig. Während sich der Aktionär in erster Linie für die Erhöhung des Wertes des von ihm eingesetzten Kapitals, also für seine Rendite (Dividenden- und Aktienkurssteigerung) interessiert, verfolgt der Manager andere Ziele, wie den Wunsch nach einem niedrigen Anstrengungsniveau bei hohem Fixgehalt oder einer Erhöhung des internen und externen Ansehens. Anderseits dienen Stock Options-Programme heute aber auch der Gewinnung neuer Mitarbeiter, da gerade junge Unternehmen ihre Mitarbeiter (noch) nicht angemessen vergüten

[3] Vgl. Dr. Dautel, Ralph, (Steueroptimale Gestaltung von Mitarbeiter-Aktienoptionen), INF, 1999, S. 368.
[4] Vgl. Winter, Stefan, (Zur Eignung von Aktienoptionsplänen als Motivationsinstrument für Manager), ZfbF, 1998, S. 1121.
[5] Das geschieht jedoch nur bei der Hingabe eigener Aktien gem. § 71 Abs. 1 Nr. 8 AktG. Bei der Ausgabe junger Aktien mittels bedingter Kapitalerhöhung gem. § 192 Abs. 2 Nr. 3 AktG verzichten statt dessen die Altaktionäre auf die Optionsprämie.
[6] Vgl. Dr. Pfaff, Dieter/Dr. Zweifel, Peter, (Die Principal-Agent-Theorie), WiSt, 1998, S. 184ff.

können.[7] Für das Unternehmen ist dies somit eine liquiditätsschonende Form der Entlohnung.[8]

1.2 Das Shareholder Value-Konzept

Seit Beginn der neunziger Jahre fordern vor allem institutionelle Kapitalanleger auch vom Management deutscher Unternehmen die in den USA als „Shareholder Value" diskutierte wertorientierte Unternehmensführung. Hiernach haben sich die Unternehmensmitarbeiter stärker an den Zielen der Anteilseignern aus- zurichten und den Marktwert des Eigenkapitals unter Berücksichtigung der Gewinnausschüttungen langfristig zu maximieren. Die Fokussierung auf eine wertorientierte Unternehmensführung hat zur Folge, daß die Controllinginstru- mente dieser veränderten Zielsetzung anzupassen sind.

Darüber hinaus stellt sich in diesem Zusammenhang die Frage nach einer wertorientierten Vergütung des Managements.[9] Stock Options sind in den USA und Großbritannien weitverbreitete Praxis. Sie verknüpfen sich mit dem dort seit vielen Jahren anerkannten Shareholder Value-Konzept.[10] Das Ziel von Aktienbezugsrechten ist die nachhaltige Steigerung der Eigenkapitalrendite, worin der Kern des Shareholder Value-Konzepts liegt. Das bedeutet, daß Stock Options als Anreiz für das Top-Management, den Unternehmenswert (Share- holder Value) langfristig zu maximieren, eingesetzt werden.[11]

Nachfolgend soll nun der Zusammenhang zwischen Aktienoptionsplänen und dem Shareholder Value-Konzept erläutert werden, um den Kerngedanken bei der Einführung von Stock Options zu hinterleuchten.

---

[7] Vgl. Legerlotz, Christoph/Dr. Laber, Jörg, (Arbeitsrechtliche Grundlagen bei betriebli- chen Arbeitnehmerbeteiligungen durch Aktienoptionen und Belegschaftsaktien), DStR, 1999, S. 1658.

[8] Vgl. Arthur Andersen-Human Capital Services, Seminarvortrag zum Thema: Erfolgrei- che Einführung von Mitarbeiterbeteiligungsmodellen.

[9] Vgl. Pellens, Bernhard/Crasselt, Nils/Rockholtz, Carsten, (Wertorientierte Entlohnungs- systeme für Führungskräfte), in: Unternehmensorientierte Entlohnungssysteme, 1998, S. 3.

[10] Vgl. Hüffer, Uwe, [Aktienbezugsrechte], ZHR 161, 1997, S. 215.

[11] Vgl. Bernhardt, Wolfgang/Witt, Peter, (Stock Options und Shareholder Value), ZfB, 67. Jg., 1997, S. 85.

Das Shareholder Value-Konzept, auch Wertsteigerungs- oder Geschäftswertanalyse genannt, ist ein Werkzeug zur Beurteilung und Messung des Zukunftserfolgs von strategischen Geschäftsfeldern, Investitionen und Unternehmensstrategien. Die Beurteilung erfolgt stets aus Sicht der Eigentümer.

Der Shareholder Value-Ansatz ist auf die monetären Interessen der Eigentümer (Shareholder) gerichtet, denn jede neue Investition in ein Unternehmen auf dem freien Markt bedeutet für den Kapitalgeber mehr Risiko als die Investition in eine sichere Kapitalanlage. Der Ansatz betrachtet ferner nicht nur die Zahlungsströme zwischen den Unternehmen und Anteilseignern, sondern auch zwischen Unternehmen und Unternehmensumfeld. Dazu gehören u.a. Umsätze, Investitionen, Rückstellungen sowie andere Ausgaben.

Zur Berechnung des Shareholder Values wird zunächst das Unternehmen in strategische Geschäftseinheiten eingeteilt. Die Einteilung kann nach produkt-, kunden- oder marktspezifischen Gegebenheiten erfolgen. Ziel ist es, den Wertbeitrag jedes einzelnen Geschäftsfeldes unabhängig von der aktuellen Bewertung im Geschäftsbericht zu messen und darzustellen.[12]

Um den zusätzlichen Wert aus einem Investitionsprojekt oder einer Strategie zu ermitteln, wird beim Shareholder Value-Ansatz der Barwert der freien Cash-Flows über den Planungshorizont berechnet. Die freien Cash-Flows (FCF) ergeben sich aus den betrieblichen Cash-Flows abzüglich der Steuerzahlungen und der Erweiterungsinvestitionen in das Anlage- und Umlaufvermögen. Das ist die direkte Ermittlung der freien Cash-Flows. Sie werden mit den gewichteten Durchschnittskosten des Fremd- und des Eigenkapitals auf die Gegenwart abgezinst.[13] Die Höhe der Eigenkapitalkosten spielen bei der Ermittlung des gewichteten Kapitalkostensatzes eine große Rolle. Sie entsprechen den Opportunitätskosten eines durchschnittlichen Anteilseigners und setzen sich zusammen aus einem risikofreien Zinssatz und einer Risikoprämie, die von Unternehmen zu Unternehmen und sogar von Geschäftsbereich zu Geschäftsbereich unterschiedlich hoch sein kann. Die Fremdkapitalzinsen werden i.d.R. bei Vertrags-

---

[12]   Vgl. Praxis des Rechnungswesens, Gruppe 3/100, S. 1.

[13]   Vgl. Bernhardt, Wolfgang/Witt, Peter, (Stock Options und Shareholder Value), ZfB, 67. Jg., 1997, S. 87.

abschluß festgelegt. Sie werden im Rahmen der marktüblichen Konditionen festgelegt. Der Marktwert des Fremdkapitals entspricht dem Rückzahlungsbetrag gem. § 2531 HGB.

Für eine erfolgreiche Managementtätigkeit ist es also nicht ausreichend, in der GuV einen Jahresüberschuß zu erwirtschaften, sondern das Ziel muß eine angemessene Verzinsung des von den Anteilseignern eingesetzten Kapitals sein. Die Erwartungen richten sich dabei nach den Opportunitätskosten, die den Kapitalgebern durch die Investition in ein Unternehmen entstehen. Die Führungskräfte eines Unternehmens sind angehalten, nur Strategien und Investitionsobjekte durchzuführen, deren Cash-Flow-Rendite über den durchschnittlichen Kapitalkosten liegen und somit eine Zunahme des Unternehmenswertes erwarten lassen.[14]

Die konsequente Umsetzung des Shareholder Value-Gedankens bewirkt schließlich, daß sich Management und Eigentümer nicht mehr von kurzfristigen Erfolgen blenden lassen, sondern langfristig im Sinne des Unternehmens handeln.

Nach Rappaport[15] handelt es sich beim Shareholder Value-Ansatz um ein Unternehmensleitbild, das die Maximierung der Eigentümerrendite über die Dividenden und Kurssteigerung der Anteilswerte zur wichtigsten Aufgabe des Managements erklärt.

1.3 Alternative Formen von Mitarbeiterbeteiligungen

In Deutschland sind Stock Options erst in letzter Zeit aktuell geworden. Insbesondere anläßlich der Stock Option-Hauptversammlungsbeschlüsse der Daimler Benz AG[16] und der Deutschen Bank AG im Jahre 1996 haben Stock Options in der deutschen Öffentlichkeit erhöhte Aufmerksamkeit erfahren.

---

[14]   Vgl. Rappaport, Alfred, (Shareholder Value), 1995, S. 58-62.
[15]   Vgl. Rappaport, Alfred, (Shareholder Value: Ein Handbuch für Manager und Investoren), 2. Auflage, Stuttgart, 1999, S. 1.
[16]   Aufgrund der Fusion 1998 heute Daimler-Chrysler.

Die Ein- und Durchführung von sog. Stock Option-Plans[17] erfolgt jedoch in vielen Unternehmen unterschiedlich. Das Modell der BHF-Bank, die bei dessen Einführung noch eine KGaA war, beschränkt sich auf leitende Mitarbeiter sowie auf Geschäftsleiter von Konzernunternehmen. Der Stock Option-Plan von SAP ist ebenfalls auf Mitarbeiter begrenzt. Die diesbezüglichen Wandelschuldverschreibungen konnten jedoch nach 2 Jahren veräußert werden, so daß letztendlich doch 97%[18] der Anteile Großaktionäre erhielten. Bei dem Stock Option-Plan der SGL Carbon handelt es sich um drei an amerikanischen Vorbildern orientierte Pläne für Führungskräfte. Es handelt sich zum einen um den sog. Stock Appreciation Plan, der eine Barzahlung vorsieht, dann um einen ebenfalls auf Barzahlung ausgerichteten Long Term Cash Incentive Plan sowie um einen Leveraged Executive Plan.

Doch es gibt auch alternative Formen von Mitarbeiterbeteiligungen, auf die im folgenden Abschnitt ein wenig näher eingegangen werden soll.

Als eine alternative Form der Mitarbeiterbeteiligung sind die Mitarbeiterdarlehen zu erwähnen. Mitarbeiterdarlehen zeichnen sich dadurch aus, daß Arbeitnehmer Darlehen zur Verfügung stellen, das auf der Grundlage eines fest vereinbarten oder eines gewinnabhängigen (partiarischen) Zinses vergütet wird. Als sinnvolle Form der Mitarbeiterbeteiligung ist jedoch lediglich das gewinnabhängige Darlehen anzusehen, da die Gewährung eines Darlehens an den Arbeitgeber auf der Grundlage eines fest vereinbarten Zinssatzes keine spezifische Motivation beim Arbeitnehmer auslösen kann. Beim partiarischen Darlehen profitiert der Mitarbeiter dagegen angesichts des gewinnabhängigen Zinssatzes von hohen Erträgen (wenngleich er ebenso ein gewisses Zinsrisiko in Zeiten schlechter Konjunktur trägt).

Der Vorteil dieser Form der Mitarbeiterbeteiligung liegt in der einfachen und flexiblen Gestaltung und in der Unabhängigkeit von der spezifischen Rechtsform des Arbeitgebers. Während der Arbeitgeber auf der einen Seite von einer Liquiditätssteigerung profitiert, erhält der Mitarbeiter auf der anderen Seite die

---

[17] Vgl. Dr. Bredow, Günther, (Mustervereinbarung zu Aktienoptionsplänen für das Management und leitende Angestellte (Stock Options)), DStR, 1998, S. 380.

Möglichkeit einer stärkeren Identifikation mit dem wirtschaftlichen Erfolg seines Arbeitgebers. Soweit jedoch keine Mindestverzinsung vereinbart wird, trägt der Arbeitnehmer das gesamte Zinsrisiko. Zudem kann das partiarische Darlehen dem Wunsch nach einer gesellschaftlichen Beteiligung am Arbeitgeber mit dem damit verbundenen „Wir"-Gefühl nicht gerecht werden, da der Mitarbeiter immer nur als Darlehensgeber fungieren kann. Auch scheidet diese Möglichkeit für junge High-Tech- und Bio-Tech-Unternehmen aus, da einerseits die aus der Wissenschaft kommenden Mitarbeiter typischerweise nur über wenig Vermögen verfügen und die Unternehmen andererseits häufig über Jahre statt Gewinne nur Verluste erwirtschaften.[19]

Eine gesellschaftsrechtliche Beteiligung des Mitarbeiters am Unternehmen des Arbeitgebers wird dagegen durch die Einräumung einer stillen Beteiligung am Unternehmen des Arbeitgebers erreicht, die ein größeres Maß an Identifikation mit dem Arbeitgeber und damit eine stärkere Intensivierung des Arbeitnehmers bewirken kann. Im Unterschied zum partiarischen Darlehen hat der (typisch) stille Beteiligte eine Reihe von gesetzlich vorgesehenen Kontrollrechten, die allerdings aufgrund der Nachgiebigkeit der §§ 230 ff. HGB durch vertragliche Vereinbarungen weitgehend abgedungen werden können. Bei der Variante der atypisch stillen Beteiligung trägt der stille Beteiligte dagegen zwingend nicht nur eine Mitunternehmerinitiative, sondern auch ein Mitunternehmerrisiko. Die Mitunternehmerinitiative kann in der Weise hergestellt werden, daß der Arbeitgeber eine Reihe von Entscheidungen unter dem Vorbehalt der Zustimmung des atypisch stillen Beteiligten stellt. Das Mitunternehmerrisiko ergibt sich dadurch, daß die von dem Mitarbeiter aufgebrachte stille Beteiligung an der Entwicklung des Unternehmenswertes des Arbeitgebers partizipiert.

Gleichwohl ist das Modell der stillen Beteiligung dann nicht mehr sinnvoll, wenn die breite Verwendung eines Mitarbeitermodells beabsichtigt ist. Auch

---

[18]   Vgl. Kohler, Klaus, (Beteiligung von Führungskräften am AG-Kapital), ZHR 161, 1997, S. 251.
[19]   Vgl. v. Einem, Christoph, (Stock Options: Eine aktuelle Gestaltungsform der Mitarbeiterbeteiligung für Wachstumsunternehmen), in: Gestaltung und Analyse in der Rechts-, Wirtschafts- und Steuerberatung von Unternehmen; Haarmann, Hemmelrath & Partner (Hrsg.), Verlag Dr. Otto Schmidt, Köln, 1998, S. 392.

steuerlich büßt die stille Beteiligung an Attraktivität dadurch ein, daß im Bereich der Gewerbesteuer der Gewinnanteil des stillen Gesellschafters bei einem nicht gewerblichen Empfänger (hier Arbeitnehmer) nicht abzugsfähig ist. Hinzu kommt, daß im Falle der atypisch stillen Beteiligung steuerlich eine Mitunternehmerschaft vorliegt, mit der Folge, daß auch das Gehalt des beteiligten Arbeitnehmers für Gewerbesteuerzwecke nicht mehr abzugsfähig ist.[20]

Eine Mitarbeiterbeteiligung kann auch in der Weise ausgestaltet werden, daß Mitarbeiter Genußscheine erwerben, die vom Arbeitgeber ausgegeben werden. Diese Genußscheine sind regelmäßig übertragbar und gewähren den Anspruch auf eine bestimmte Ergebnisbeteiligung am Unternehmen des Arbeitgebers. Vorteil dieser Mitarbeiterbeteiligung ist insbesondere die variable Gestaltungsmöglichkeit und die Darstellbarkeit der eingezahlten Beträge als Eigenkapital. Zudem kann die Gewinnbeteiligung der Genußscheine je nach den Erfordernissen so ausgestaltet werden, daß sie beim Arbeitgeber steuerlich abzugsfähig oder steuerlich nicht abzugsfähig sind.

Der Genußschein ist üblicherweise nicht an der Entwicklung des Unternehmenswertes beteiligt, so daß eine immaterielle und materielle Bindung des Arbeitnehmers an das Unternehmen zur Motivationsförderung nicht zwingend mit dem Erwerb von Genußscheinen verbunden ist.

Eine weitere Form der Mitarbeiterbeteiligung ist die Kommanditbeteiligung. Sie kommt lediglich für leitende Angestellte in Betracht, da mit der Stellung als Kommanditist sowohl die Entfaltung von Unternehmensinitiative wie auch die Übernahme von Unternehmensrisiken mit der oben genannten Folge der steuerlichen Mitunternehmerschaft verbunden ist.

Die Überlassung von GmbH-Geschäftsanteilen bietet sich dagegen auf breiterer Ebene grundsätzlich für alle Mitarbeiter an. Unternehmerinitiative und Unternehmerrisiko sind nicht Voraussetzung, der fremdfinanzierte Aufwand zum Erwerb des GmbH-Anteils ist grundsätzlich steuerlich abzugsfähig und die an den Mitarbeiter gezahlte Dividende wird mit Körperschaftsteueranrechnung ausgezahlt. Da die GmbH-Beteiligung auch einen Anteil am Unternehmenswert dar-

---

[20] Vgl. ebenda.

stellt, kann es durch die Einräumung einer Beteiligung allerdings zu einer Verwässerung des Werts der Unternehmensbeteiligung der übrigen Anteilseigner kommen. Zudem ist sie von einer notariellen Beurkundung abhängig. Schließlich ergeben sich in der Praxis meist Schwierigkeiten daraus, daß mit einer Vielzahl von kleinen Gesellschaftern agiert wird oder daß der Verkehrswert der Gesellschaftsanteile bereits so hoch liegt, daß der Erwerb solcher Anteile für die Mitarbeiter nicht mehr finanzierbar ist.[21]

Dies war ein kurzer Überblick über Formen von Mitarbeiterbeteiligungen, die Alternativen zu Aktienoptionsmodellen darstellen können. Für eine Aktiengesellschaft ist jedoch das Modell der Aktien Option die sinnvollste Möglichkeit den Mitarbeiter am Unternehmen zu beteiligen.

---

[21] Vgl. zum gesamten Abschnitt: v. Einem, Christoph, (Stock Options: Eine aktuelle Gestaltungsform der Mitarbeiterbeteiligung für Wachstumsunternehmen), in: Gestaltung und Analyse in der Rechts-, Wirtschafts- und Steuerberatung von Unternehmen; Haarmann, Hemmelrath & Partner (Hrsg.), Verlag Dr. Otto Schmidt, Köln, 1998, S. 394.

2 Die Aktienoption als eine besondere Form der Mitarbeiterbeteiligung

2.1 Beteiligung von Führungskräften

Der wesentliche Zweck von Aktienoptionen (Stock Options) für Führungskräfte besteht u.a. darin, gezielt die Ertrags- und Wettbewerbsfähigkeit des Unternehmens zu steigern und damit auch die Interessen der Aktionäre zu fördern sowie die Inanspruchnahme des Kapitalmarktes zu erleichtern.[22] Dies gestaltet sich in der Weise, daß den Führungskräften eines Unternehmens individuell ihrer konkreten Situation Stock Options überlassen werden. Dadurch soll jeder einzelne besonders motiviert werden und sein Tun und Handeln entscheidend am dauerhaften Erfolg und einer entsprechenden Wert- und Kurssteigerung des Unternehmens ausrichten. Der Leistungsanreiz besteht also darin, daß der Begünstigte an einer positiven Kursentwicklung der Aktie partizipieren kann. Die Kursentwicklung ist immer zukunftsbezogen. Der Begünstigte kann sich somit einen Vorteil verschaffen, der sich nach der Wertsteigerung der Aktie in dem Zeitraum zwischen Einräumung und Ausübung des Optionsrechts bemißt. Ein weiteres Ziel ist ferner die langfristige Bindung der Führungskraft an das Unternehmen. Deshalb sehen z.b. viele US-Gesellschaften Mindesthaltperioden („**vesting periods**") für die erworbenen Aktien vor.[23] Falls das Ausscheiden des Mitarbeiters innerhalb der Wartefrist zum Verfall der Optionsrechte führt, kann dies zu einer längerfristigen Bindung beitragen. In diesem Zusammenhang werden Stock Options auch schon mal als „goldene Handschellen" bezeichnet. Der Vorstellung der langfristigen Bindung wird auch durch den Umstand Rechnung getragen, daß der neue Mitarbeiter in der Regel bereits zu Beginn seiner Tätig-

---

[22] Vgl. Kohler, Klaus, (Beteiligung von Führungskräften am AG-Kapital), ZHR 161, 1997, S. 254.

[23] Vgl. o.V.: The Corporate Board, Jan./Feb. 1997 (Vol. XVIII Nr. 102), S. 26; beim Ausscheiden betroffener Mitarbeiter aus den Unternehmen wird nicht selten auf die Einhaltung der Mindesthalteperioden verzichtet, und zwar im Gegenzug zu einem Verzicht des Mitarbeiters auf alle eventuell bestehenden Ansprüche seinerseits gegenüber der Gesellschaft.

keit an einem Stock-Options-Plan beteiligt wird. Letztlich sind Stock Options auch liquiditätsschonend und vor allem ein an Bedeutung zunehmender Faktor im Wettbewerb um Führungskräfte.

Damit die richtigen Anreize gesetzt werden, muß ein leistungsabhängiges Vergütungssystem einige Kriterien erfüllen:[24]

1. Die Leistungsmaßstäbe müssen mit den Werten und Zielen des Unternehmens übereinstimmen.

2. Die Leistungsmaßstäbe sollten sich eindeutig und unanfechtbar aus zeitnah verfügbaren Daten errechnen lassen.

3. Die zu messenden Größen müssen von der Führungskraft beeinflußbar sein.

4. Die Leistungsmaßstäbe sollten allgemeingültig, d.h. für die Leistung verschiedener Einheiten des Unternehmens relevant sein.

5. Die Leistungsmaßstäbe sollten leicht erklärbar und verständlich sein.

2.2 Insiderproblematik

Im Zusammenhang mit Stock Options sind kapitalmarktrechtliche Probleme, insbesondere die durch das Insiderverbot begründeten Offenlegungspflichten[25] sowie Vereinbarungs- und Ausübungsschranken noch ungelöst. Mit Blick auf § 14 WpHG stellt sich die Frage, ob die Begründung der Bezugsrechte im Rahmen eines Aktienoptionsprogramms für Führungskräfte sowie die Ausübung der Rechte in den Anwendungsbereich des Verbots von Insidergeschäften fällt.[26] Zu den Primärinsidern zählen gem. § 13 WpHG Personen, die Kenntnis von einer oder mehreren Insidertatsachen haben. Sie können Mitglied des Geschäftsführungs- oder Aufsichtsorgans sein oder als persönlich haftender Gesellschafter des Emittenten oder eines mit dem Emittenten verbundenen Unternehmens, d.h. insbesondere Geschäftsführer sowie Mitglieder des Vorstands

---

[24] Vgl. Bernhardt, Wolfgang/Witt, Peter, (Stock Options und Shareholder Value), ZfB, 67. Jg., 1997, S. 88.

[25] Rechtsgeschäfte von Führungskräften in Aktien der Gesellschaft sind meldepflichtig. Sie werden teilweise u.a. in der Presse veröffentlicht.

[26] Vgl. Prof. Dr. Assmann, Heinz-Dieter, (Rechtsanwendungsprobleme des Insiderrechts), AG, 1997, S. 58.

oder Aufsichtsrats der Gesellschaft und der mit ihr verbundenen Gesellschaften auftreten.[27] Weiterhin können es Personen sein, die aufgrund ihrer Beteiligung am Kapital des Emittenten oder eines mit dem Emittenten verbundenen Unternehmens, d.h. z.b. Aktionäre der Gesellschaft, deren Beteiligung ihnen einen unternehmerischen Einfluß an der Gesellschaft vermittelt und/oder bestimmungsgemäß aufgrund ihres Berufs oder ihrer Tätigkeit oder ihrer Aufgabe, z.b. leitende Angestellte, Angestellte, Händler und Anlageberater sind. Insider sind gem. § 14 Abs. 2 WpHG auch Personen, die auf gleiche Weise Kenntnis von einer Insidertatsache haben. Hierbei handelt es sich um Personen, die nur zufällig Kenntnis von Insidertatsachen erhalten. Für diese Personen gilt lediglich das Erwerbs- und Veräußerungsverbot, nicht jedoch das Mitteilungs- und Empfehlungsverbot. Auf die unterschiedlichen Ausprägungen dieser Verbote wird im nächsten Abschnitt detailliert eingegangen. Die Berechtigten eines Aktienoptionsprogramms fallen regelmäßig wegen ihres Status oder ihrer Funktion unter die Primärinsider.[28]

Nach § 14 Abs. 1 WpHG ist es einem Insider verboten, unter Ausnutzung seiner Kenntnis von einer Insidertatsache Insiderpapiere für eigene oder fremde Rechnung oder für einen anderen zu erwerben oder zu veräußern (sog. **Erwerbs- und Veräußerungsverbot**). Das Verbot des Erwerbs oder der Veräußerung von Insiderpapieren gilt für den Insider dann, wenn er unter Ausnutzung seiner insiderrelevanten Kenntnisse mit Insiderpapieren handelt. Dies ist dann der Fall, wenn der Insider seinen Informationsvorsprung mit dem Ziel zur Grundlage macht, einen wirtschaftlichen Vorteil für sich oder andere zu erlangen, den er ohne Kenntnis der Insidertatsache nicht hätte erreichen können. Es spielt dabei keine Rolle, ob der angestrebte Vorteil auch tatsächlich erreicht wird. Maßgeblich ist vielmehr, ob durch den Verstoß das Vertrauen der Anleger in die Funktionsfähigkeit des Wertpapiermarktes beeinträchtigt wird. Das ist aber insbesondere dann nicht der Fall, wenn bei Ausführung einer unternehmerischen Planung und Entscheidung sowie Kurspflegemaßnahmen nur eine Glättung der Kursentwicklung bewirkt werden soll.

---

[27] Vgl. § 13 Abs. 1 Nr. 3 WpHG.

[28] Vgl. Feddersen, Dieter, (Beteiligung von Führungskräften am AG-Kapital), ZHR 161, 1997, S. 278.

Ferner ist es einem Insider untersagt, auf Grundlage seiner Kenntnis von Insidertatsachen anderen den Erwerb oder die Veräußerung von Insiderpapieren zu empfehlen (sog. **Empfehlungsverbot**). Die Empfehlung muß sich nicht direkt auf eine Insidertatsache beziehen, sondern es genügt, daß die Empfehlung auf der Grundlage der Kenntnis gegeben wird.

Und schließlich verbietet das **Mitteilungsverbot** Insidern, Insidertatsachen anderen unbefugt mitzuteilen oder zugänglich zu machen. Eine Mitteilung gilt dann als unbefugt, wenn sie nicht in einem normalen Rahmen in Ausübung der dienstlichen Tätigkeit des Insiders weitergegeben wird. Die Weitergabe von Informationen ist dann zulässig, wenn sie aufgrund gesetzlicher Regelung erfolgt, der betrieblichen Notwendigkeit entspricht, wenn sie an Journalisten und Analysten zum Zwecke der Publikation erfolgt und schließlich, wenn sie an Wirtschaftsprüfer, Steuerberater und Rechtsanwälte im Rahmen ihrer freiberuflichen Tätigkeit erfolgt.[29]

Als Insidertatsache beschreibt das Gesetz eine nicht öffentliche Tatsache, die geeignet ist, im Falle ihres öffentlichen Bekanntwerdens den Kurs der Insiderpapiere erheblich zu beeinflussen.[30] Die Vorstände und Top-Manager kennen die Aussichten ihres Unternehmens in der Regel besser als der Gesamtmarkt. Diese Informationen können zu verschiedenen Zeitpunkten ausgenutzt werden: Bei der Einführung des Aktienoptionsprogramms, bei der Zuteilung der Bezugsrechte, bei der Ausübung der Aktienoptionen sowie bei der Veräußerung der bezogenen Aktien.[31]

Damit das Insiderhandelsverbot während der Einführungsphase greift, besagt § 14 Abs. 1 und 3 WpHG, daß sich die Einführung des Aktienoptionsprogramms bzw. die Zusage der Optionsrechte auf ein Insiderpapier im Sinne des § 12 WpHG beziehen muß. Grundsätzlich gelten aber auch die Rechte auf den Erwerb von Wertpapieren gem. § 12 Abs. 1 Nr. 1 WpHG als Insiderpapiere. In

---

[29] Vgl. v. Einem, Christoph, (Pflichten nach dem Wertpapierhandelsgesetz im Zusammenhang mit Stock Options), in: Jahrestagung der Fachanwälte für Steuerrecht, Wiesbaden, 1998, S. 525.

[30] Vgl. § 13 Abs. 1 WpHG.

[31] Vgl. Schneider, Uwe, (Aktienoptionen als Bestandteil der Vergütung von Vorstandsmitgliedern), ZIP, 1996, S. 1774.

den meisten Fällen stammen jedoch die Optionsrechte, die den Führungskräften im Rahmen eines

Aktienoptionsplans zugesagt werden, aus einer Neuausgabe und sind daher noch nicht zum Handel am Kapitalmarkt zugelassen. Das Insiderhandelsverbot greift deshalb zu diesem Zeitpunkt noch nicht.

Nicht anders verhält es sich zum Zeitpunkt der Ausgabe von Stock Options. Denn die Zuteilung der Optionsrechte stellt ebensowenig ein Verbotstatbestand dar, wie es sich bei den ausgegebenen Optionsrechten um Insiderpapiere im Sinne des § 12 WpHG handelt. Deshalb empfiehlt sich auch vor der Zuteilung eine ad-hoc-Mitteilung gem. § 15 WpHG.

Insiderrechtlich relevant scheint der Zeitpunkt der tatsächlichen Ausübung der Optionsrechte zu sein. Es werden in der Regel die Aktien mit der Ausübung der Optionsrechte zum Handel am Markt zugelassen, oder es ist ein Zulassungsantrag gestellt worden.[32] Die jungen Aktien gelten dann als Insiderpapiere im Sinne des § 12 WpHG. Es stellt sich die Frage, ob die Ausübung der Option durch einen Vorstand oder einen leitenden Mitarbeiter als Insidergeschäft zu sehen ist. Als Primärinsidern ist es diesen verboten, unter Ausnutzung ihrer Kenntnis von einer Insidertatsache Insiderpapiere zu erwerben. Unterstellt man nun, daß die Führungskräfte Kenntnis von einer Insidertatsache hatten, fehlt es dennoch bei der Ausübung des Optionsrechts an der Ausnutzung des Insiderwissens. Die Bedingung und vor allem der Preis für die Ausübung der Optionen liegen fest, so daß die Kenntnis von besonderen Umständen nicht ursächlich für die Ausübung der Option ist.[33] Demnach liegt kein Ausnutzen im Sinne des § 14 Abs. 1 Nr. 1 WpHG vor. Die Ausübung wäre auch ohne Kenntnis der Insidertatsache getätigt worden. Insiderrechtliche Probleme treten daher erst bei der Veräußerung der erlangten Optionen durch die Führungskräfte auf. Diese unterliegen hierbei wie bei jedem anderen Wertpapiergeschäft auch dem Verbot des § 14

---

[32] Vgl. Baums, Theodor, (Aktienoptionen für Vorstandsmitglieder), in: Festschrift für Carsten Peter Claussen; Martens, Hans-Peter/Westermann, Harm Peter/Zöllner, Wolfgang (Hrsg.), Carl Heymanns Verlag KG, Köln, Berlin, Bonn, München, 1997, S. 3-48.

[33] Vgl. Prof. Dr. Assmann, Heinz-Dieter, (Rechtsanwendungsprobleme des Insiderrechts), AG, 1997, S. 58.

Abs. 1 Nr. 1 WpHG, d.h., sind dem Vorstand Insidertatsachen bekannt, darf er die erworbenen Aktien nicht veräußern.

Aus diesen Erkenntnissen sollten Schlußfolgerungen für die Gestaltung von Aktienoptionsprogrammen gezogen werden. Die Programme sollten zunächst klare Ausübungskriterien und limitierte Zeitvorgaben für die Ausübung der Optionen enthalten. In den USA hat sich die Einführung sog. „Trading windows" bewährt. Danach ist der Handel mit Aktien des Unternehmens nur in bestimmten Handlungszeiträumen zulässig, die in der Regel einige Tage oder Wochen nach der Veröffentlichung von Berichten oder nach Hauptversammlungen des Unternehmens liegen.[34] Eine Möglichkeit zur Eindämmung der Gefahr von Insidergeschäften besteht auch in der Zwischenschaltung weisungsfreier Dritter bei der Veräußerung von Aktien. Am besten kann die Gefahr von Insidergeschäften durch eine konsequente Publizitätspolitik des Unternehmens bekämpft werden. Denn was einmal bekannt ist, kann nicht mehr Gegenstand von Insidergeschäften sein.[35]

---

[34] Vgl. OLG Stuttgart, Urteil v. 12.08.1998 - 20 U 111/97.

[35] Vgl. Prof. Dr. Assmann, Heinz-Dieter, in: Wertpapierhandelsgesetz (Kommentar); Assmann, Heinz-Dieter/Schneider, Uwe (Hrsg.), Köln, 1995, § 12, Rn. 34.

3 Gesellschaftsrechtliche Grundlagen von Aktienoptionen

3.1 Änderungen durch das Inkrafttreten des KonTraG

Zur Verdeutlichung, wie wichtig das Inkrafttreten des KonTraG für die Einräumung von Aktienoptionen ist, wird im folgenden Abschnitt intensiver auf diese Thematik eingegangen.

Zur Erleichterung der Einräumung von Aktienoptionen an Vorstandsmitglieder, aber auch an leitende Angestellte unterhalb des Vorstands einschließlich von Geschäftsführungsorganen verbundener Unternehmen wurde der § 192 AktG erweitert. In dem in 1998 inkraftgetretenen KonTraG wird durch die Neuformulierung des § 192 Abs. 2 Nr. 3 AktG eine bedingte Kapitalerhöhung „zur Gewährung von Bezugsrechten an Arbeitnehmer und Mitglieder der Geschäftsführung der Gesellschaft oder eines verbundenen Unternehmens im Wege des Zustimmungs- oder Ermächtigungsbeschlusses"[36] ermöglicht. Der Umweg über Optionsanleihen oder Wandelschuldverschreibungen entfällt damit und es können reine Optionsrechte, sog. „naked options"[37] von der Gesellschaft ausgegeben werden. Diese Änderung wird in der Literatur grundsätzlich begrüßt.[38] Um eine mißbräuchliche Selbstbedienung durch Vorstandsmitglieder bei der Einführung von Aktienoptionsplänen als Teil ihres Vergütungssystems zu vermeiden, sind durch den neuen § 193 Abs. 2 Nr. 4 AktG in dem Beschluß der Hauptversammlung zusätzlich die Aufteilung der Bezugsrechte auf die Mitglieder der Geschäftsführung und Arbeitnehmer, Erwerbszeiträume für die Bezugsrechte, Erfolgsziele, Wartezeit für die erstmalige Ausübung und Ausübungszeiträume festzulegen. Doch bleibt es der Hauptversammlung überlassen, die übrigen Organe der Gesellschaft innerhalb enger Grenzen zu ermächtigen, über Details der auszugebenden Stock Options zu entscheiden.[39] Mit der Änderung

---

[36] Vgl. o.V., (Referentenentwurf zur Änderung des Aktiengesetzes), ZIP, 1996, S. 2138.
[37] Optionsrechte, die nicht an Wandelschuldverschreibungen o.ä. gebunden sind.
[38] Vgl. Lutter, Marcus, (Aktienoptionen für Führungskräfte - de lege lata und de lege ferenda), ZIP, 1997, S. 1-9 sowie Schneider, Uwe, (Aktienoptionen als Bestandteil der Vergütung von Vorstandsmitgliedern), ZIP, 1996, S. 1769-1776.
[39] Vgl. Urteil des LG Frankfurt/Main v. 10.02.1997 - 3/1 O 119/96.

des § 192 Abs. 2 Nr. 3 AktG durch das KonTraG wird nun der Beschluß der Hauptversammlung über den Ausschluß des Bezugsrechts nach §§ 186 Abs. 3, 221 Abs. 4 AktG überflüssig. Hinsichtlich der jungen Aktien aus der bedingten Kapitalerhöhung ist nach einhelliger Auffassung im Schrifttum das Bezugsrecht der Aktionäre kraft Gesetz ausgeschlossen, so daß für die Vergabe von reinen Optionsrechten alle förmlichen und materiellen Voraussetzungen, die ein Bezugsrechtsausschluß bedingt, entfallen.[40] Dementsprechend hat der Vorstand auch keinen schriftlichen Bericht über den Bezugsrechtsausschluß und die Gründe hierfür vorzulegen.

Einen gewissen Ersatz für das Wegfallen des Vorstandsberichts und der materiellen Beschlußkontrolle schafft der Gesetzeber im § 193 AktG. Die Änderung des § 193 Abs. 2 Nr. 4 AktG macht schließlich alle wesentlichen Bedingungen des Bezugsrechts zum Inhalt des Beschlusses. Eine Interessenabwägung bei der Beschlußfassung ist deshalb möglich.[41] Dennoch gibt es Stimmen in der Literatur, die einen ausdrücklichen Bezugsrechtsausschluß für wünschenswert halten, da sonst mangels Angemessenheits- und Verhältniskontrollen im Rahmen des Bezugsrechtsausschlusses ein wichtiges Kontrollinstrument verloren geht.[42]

Ferner ist nach der Neuregelung des § 71 Abs. 1 Nr. 8 AktG der Erwerb eigener Aktien deutlich erleichtert worden, und es ist nun grundsätzlich auch eine Bedienung der Bezugsrechte durch zurückgekaufte Aktien möglich.[43] Dazu ist eine Ermächtigung des Vorstands durch die Hauptversammlung erforderlich. Der Rückkauf eigener Aktien scheint also für die Versorgung von Bezugsrechten für Führungskräfte geeignet. Es gelten für den Hauptversammlungsbeschluß zudem die Regelungen über die Schaffung eines bedingten Kapitals zur Bedienung von Aktienoptionsprogrammen entsprechend, so daß auf jeden Fall

---

[40] Vgl. Baums, Theodor, (Stellungnahme zur Aktienrechtsreform 1997), AG, Sonderheft zu Heft 8, 1997, S. 36.

[41] Vgl. Martens, Klaus-Peter, (Eigene Aktien und Stock Options in der Reform), AG, Sonderheft zu Heft 8, 1997, S. 88.

[42] Vgl. Baums, Theodor, (Stellungnahme zur Aktienrechtsreform 1997), AG, Sonderheft zu Heft 8, 1997, S. 36 sowie Fuchs, Andreas, (Aktienoptionspläne für Führungskräfte und bedingte Kapitalerhöhung), DB, 1997, S. 664.

[43] Vgl. Martens, Klaus-Peter, (Eigene Aktien und Stock Options in der Reform), AG, Sonderheft zu Heft 8, 1997, S. 85.

sichergestellt ist, daß der Beschluß den besonderen Inhalt des § 193 Abs. 2 Nr. 4 AktG hat. Probleme kann es aber durch die kurze Ermächtigungsdauer von 18 Monaten geben. Diese zeitliche Begrenzung bedeutet, daß die Aktien innerhalb von 18 Monaten nach Ermächtigung erworben werden müssen, dann aber unbegrenzt gehalten werden können. Zudem besteht die Gefahr, daß der Vorstand über Rückkäufe eigener Aktien im Rahmen dieser Neuregelung den Kurs nach oben treibt. Dennoch ist wohl zu erwarten, daß die Gesellschaften in der Zukunft bevorzugt den Weg über die bedingte Kapitalerhöhung wählen werden. Denn mit der Kapitalerhöhung ist ein Zufluß an Liquidität zu erwarten[44], während ein Aktienrückkauf Geld kostet und bei evtl. Kursverlusten den Gewinn schmälert.

Mit der Änderung des Aktiengesetzes erfolgte nun die rechtstechnische Anpassung einer bisher schwerfälligen Regelungsstruktur an die Regelungserwartungen der Praxis. Der bisher von der Praxis gewählte Umweg über die Ausgabe von Wandelschuldverschreibungen und Optionsanleihen kann jetzt entfallen, einschließlich des Beschlusses zum Ausschluß des Bezugsrechts. Diese Erweiterung des Handlungsspielraums der Gesellschaften ist auf jeden Fall sinnvoll, selbst wenn es im Ausland in Einzelfällen zu exzessiven Zuwendungen gekommen ist.[45] Vergleichbare Vorgänge sind unter den „sehr" anderen deutschen Rahmenbedingungen nicht zu erwarten. Durch die Ergänzung des § 193 Abs. 2 Nr. 4 AktG, der dazu verpflichtet, die Hauptversammlung über die wesentlichen Bedingungen des Optionsrechts zu unterrichten, wird in Deutschland eine hinreichende Transparenz geschaffen, derartigen Mißbräuchen zu begegnen.

3.2 Ausgabe von Aktienoptionen auf gesellschaftsrechtlicher Grundlage mittels Kapitalerhöhung

Im Falle der Ausübung des Optionsrechts muß das Unternehmen gewährleisten, daß die den Mitarbeitern versprochenen Aktien auch tatsächlich zur Verfügung

---

[44]   Vgl. Dr. Claussen, Carsten, (Aktienoptionen - eine Bereicherung des Kapitalmarktrechts), WM, 1997, S. 1826.

[45]   Vgl. o.V., (Der Vorteil der Aktienoptionen ist in Frankreich beschränkt), FAZ v. 17.06.1996, S. 17.

stehen. Um dies zu erreichen, kann das Unternehmen zum einen eine Kapitalerhöhung durchführen oder die erforderlichen Aktien am Markt erwerben.

Kapitalerhöhungen werden im allgemeinen im Zusammenhang mit Aktienoptionsplänen wegen dem zugleich möglichen auftretenden Verwässerungseffekt
kritisiert. Im Rahmen einer Kapitalerhöhung werden die Mitarbeiter die Aktien
nur dann beziehen, wenn der Ausübungspreis unter dem aktuellen Börsenkurs
liegt. Der dem Unternehmen zufließende Kaufpreis ist also geringer als derjeni-
ge, der am Markt erzielbar gewesen wäre. Um diese Differenz wird der Aktienkurs verwässert, da sich der Börsenwert des Unternehmens nunmehr durch eine
größere Anzahl von Aktien teilt.[46] Da solche Einbußen beim Aktienkurs vom
Aktionär nicht steuerlich geltend gemacht werden können, kommt es zu einem
Ungleichgewicht bei der Besteuerung. Während der in der Kapitalverwässerung
zum Ausdruck kommende Personalaufwand beim Unternehmen nicht steuerlich
abzugsfähig ist, müssen die Mitarbeiter möglicherweise ihren geldwerten Vorteil bei der Ausübung voll versteuern. Der Verwässerungseffekt kann verhindert
werden, sofern die Optionsausübung an die Erreichung von bestimmten Ziel-
zahlen gekoppelt ist. Das heißt, daß die Option nur ausgeübt werden darf, wenn
eine Aktienwertsteigerung erreicht ist. Dadurch wird sichergestellt, daß die Altaktionäre trotz des Verwässerungseffekts keinen finanziellen Nachteil erlei-
den.[47]

Entscheidet sich ein Unternehmen für die Kapitalerhöhung, dann wird diese in
der Regel als bedingte Kapitalerhöhung vorgenommen.[48] Ferner kann das Unternehmen aber auch eine Kapitalerhöhung durch genehmigtes Kapital[49] oder
gegen Einlage[50] (reguläre Kapitalerhöhung) durchführen. Und schließlich ist
aber auch der in der Vergangenheit häufig eingeschlagene Weg über die Wan-

---

Vgl. Portner, Rosemarie, (Mitarbeiter-Optionen (Stock Options): Gesellschaftsrechtliche
Grundlagen und Besteuerung), DStR, 1997, S. 787.

[47] Vgl. Kau, Wolfgang/Leverenz, Niklas, (Mitarbeiterbeteiligung und leistungsgerechte
Vergütung durch Aktien-Options-Pläne), BB, 1998, S. 2271.

[48] Vgl. §§ 192 ff. AktG.

[49] Vgl. §§ 202 ff. AktG.

[50] Vgl. §§ 182 ff. AktG.

delschuldverschreibung[51] möglich. Diese Möglichkeit hat nach der Einführung des KonTraG an Bedeutung verloren, wird der Vollständigkeit halber aber dennoch aufgeführt.

3.2.1 Bedingte Kapitalerhöhung

Ein sich gemäß KonTraG anbietender Weg für die Bereitstellung der den Mitarbeitern zugesagten Aktien des eigenen Unternehmens ist die Schaffung des bedingten Kapitals. Die bedingte Kapitalerhöhung ist gem. § 192 AktG ein Beschluß über die Erhöhung des Grundkapitals, der nur soweit durchgeführt werden soll, wie von einem Umtausch- oder Bezugsrecht Gebrauch gemacht wird, das die Gesellschaft auf die neuen Aktien (Bezugsaktien) einräumt. Die Bezugs- oder Umtauschberechtigten sind zum Aktienbezug berechtigt, aber nicht verpflichtet. Umfang und Zeitpunkt der Kapitalerhöhung sind ungewiß.[52] Bei der Optionsausübung kommt dann ein Begebungsvertrag zwischen der Gesellschaft und dem Begünstigten zustande (§ 198 Abs. 2 Satz 1 AktG). Die Ausgabe erfolgt durch Einbuchung der Aktien in das Depot des Mitarbeiters.[53]

Die rechtlichen Rahmenbedingungen für eine bedingte Kapitalerhöhung sind seit dem 1.5.1998 durch das KonTraG neu geregelt worden.[54]

Gemäß § 192 Abs. 2 Nr. 3 AktG n. F. ist die bedingte Kapitalerhöhung nunmehr ausdrücklich zur Gewährung von Bezugsrechten an Arbeitnehmer und Mitglieder der Geschäftsführung der Gesellschaft oder eines verbundenen Unternehmens zulässig. Damit ist die Ausgabe reiner Optionsscheine (sog. „naked warrants") durch das Unternehmen zulässig, die nicht mehr wie bisher an eine Wandel- oder Schuldverschreibung gekoppelt werden müssen. Die bedingte Kapitalerhöhung ist deshalb von Vorteil, weil ein Bezugsrecht der Altaktionäre nach den gesetzlichen Vorschriften nicht besteht. Bisher war aufgrund des Um-

[51] Vgl. §§ 202 ff. AktG.
[52] Vgl. Dr. Seibert, Ulrich, (Stock Options für Führungskräfte), in: Unternehmensorientierte Entlohnungssysteme, 1998, S. 36
[53] Vgl. Dr. Kallmeyer, Harald, (Aktienoptionspläne für Führungskräfte im Konzern), AG, 3/1999, S. 99.
[54] Vgl. Kau, Wolfgang/Leverenz, Niklas, (Mitarbeiterbeteiligung und leistungsgerechte Vergütung durch Aktien-Options-Pläne), BB, 1998, S. 2272.

weges über die Wandel- oder Gewinnschuldverschreibung für einen Bezugsrechtsausschluß ein Hauptversammlungsbeschluß notwendig. Dieser unterlag
erheblichen formellen und materiellen Voraussetzungen.[55]

Bei Mitarbeiterbeteiligungsprogrammen darf der Nennbetrag des bedingten Kapitals 10% des Grundkapitals nicht übersteigen. Nach § 200 AktG ist bereits mit
der Ausgabe der Aktie das Grundkapital der Gesellschaft erhöht. Der Eintragung der durchgeführten Kapitalerhöhung im Handelsregister kommt gemäß
§ 201 AktG nur noch eine deklaratorische Bedeutung zu. Außerdem ist ein Beschluß der Hauptversammlung mit ¾-Mehrheit erforderlich, der zugleich die
wesentlichen Eckdaten des Bezugsrechts enthalten muß.

Der Ermächtigungsbeschluß der Kapitalerhöhung muß folgende Angaben enthalten (§ 193 Abs. 2 AktG):

- den Kreis der Bezugsberechtigten,

- den Ausgabebetrag oder die Grundlagen, nach denen dieser Betrag errechnet
  wird,

- die Aufteilung der Bezugsrechte auf Mitglieder der Geschäftsführung und
  Arbeitnehmer,

- Erfolgsziele,

- Erwerbs- und Ausübungszeiträume für die erstmalige Ausübung.[56]

Die Grundzüge eines Aktienoptionsplans sind somit Beschlußgegenstand. Sie
können demgemäß Gegenstand von Anfechtungsklagen werden. Zur Beurteilung des Anfechtungsrisikos ist zu beachten, daß der Hauptversammlungsmehr-
heit ein gerichtlich nicht nachprüfbarer Bereich unternehmerischen Beurtei-
lungsermessens zuzugestehen ist, so daß der Beschluß nur einer Plausibilitäts-
kontrolle unterliegt. Da dieser Sachverhalt schon bei der Ausgabe von Wandel-
oder Optionsanleihen mit Bezugsrechtsausschluß auftritt, so tritt er auch bei der

---

[55] Die Voraussetzungen für den Bezugsrechtsausschluß sind u.a. das Interesse der Aktiengesellschaft, Erforderlichkeit, Eignung, Verhältnismäßigkeit und Angemessenheit.

[56] Vgl. Dr. Kallmeyer, Harald, (Aktienoptionspläne für Führungskräfte im Konzern), AG,
1999, S. 100.

Ausgabe von nackten Optionen auf, bei der das Bezugsrecht kraft Gesetz bereits ausgeschlossen ist.

Durch die für die Vergütung zuständigen Organe, d.h. durch den Aufsichtsrat für den Vorstand und durch den Vorstand für die Arbeitnehmer erfolgt dann die konkrete Ausgestaltung des Optionsprogramms durch Abschlüsse von Verträgen mit den Begünstigten. Bei der bedingten Kapitalerhöhung muß auch keine Durchführungsfrist (5 Jahre wie bei der Kapitalerhöhung durch genehmigtes Kapital) beachtet werden. Das hat den Vorteil, daß sie so zu langfristigen Optionsplänen gezählt wird.[57]

Bei der wirtschaftlichen Beurteilung dieser Methode ist jedoch zu berücksichtigen, daß künftig auf das erhöhte Kapital mehr Dividende ausgeschüttet werden muß. Die Gesellschaft erleidet eine Einbuße in Höhe der Differenz zwischen Optionspreis und Börsenkurs im Zeitpunkt der Optionsausübung. Diese Einbuße ist weder handelsrechtlich noch steuerlich Aufwand der Gesellschaft.[58] Sie führt nicht zu einer Verringerung des handelsrechtlichen ausschüttungsfähigen Ergebnisses, ist aber auch steuerlich nicht als Betriebsausgabe abzugsfähig. Den Aufwand tragen die Aktionäre, indem bei den von ihnen gehaltenen Aktien eine Verwässerung eintritt, die sich in einem vorübergehenden Kursrückgang niederschlagen wird. Ferner ist für die bisherigen Anteilseigner eine bedingte Kapitalerhöhung nur tragbar, wenn die positive Wertentwicklung ihrer Anlage die Kapitalverwässerung kompensiert.[59]

3.2.2 Kapitalerhöhung durch genehmigtes Kapital

Die Gesellschaft kann auch die neuen Aktien für Optionspläne an die Begünstigten im Wege einer Kapitalerhöhung durch genehmigtes Kapital durchführen. Die Durchführung erfolgt gem. § 202 AktG durch eine höchstens fünf Jahre gültige Ermächtigung des Vorstands, das Grundkapital bis zu einem bestimmten

---

[57] Vgl. Portner, Rosemarie, (Mitarbeiter-Optionen (Stock Options): Gesellschaftsrechtliche Grundlagen und Besteuerung), DStR, 1997, S. 787.

[58] Vgl. Dr. Kallmeyer, Harald, (Aktienoptionspläne für Führungskräfte im Konzern), AG, 1999, S. 99.

[59] Vgl. Dr. Seibert, Ulrich, (KonTraG-Der Referenten-Entwurf zur Aktienrechtsnovelle), WM, 1997, S. 9

Nennbetrag durch Ausgabe neuer Aktien gegen Einlage zu erhöhen. Ist diese Ermächtigung nicht schon in der ursprünglichen Satzung enthalten, dann kann sie nachträglich durch eine ¾-Mehrheit des in der betreffenden Hauptversammlung vertretenden Grundkapitals in die Satzung aufgenommen werden.[60] Das genehmigte Kapital ist dann noch kein Grundkapital, sondern lediglich eine Delegation der Zuständigkeit der Hauptversammlung gem. § 119 Abs. 1 Nr. 6 AktG an den Vorstand. Erst mit der Eintragung der Erhöhung des Grundkapitals in das Handelsregister entstehen die Aktienrechte.[61] Dies bedeutet, daß erst mit der Eintragung eine aktienrechtliche Mitgliedschaft erworben wird. Ein Problem ergibt sich daraus, daß die Gesellschaft nicht jede noch so kleine Optionsausübung separat beim Handelsregister anmeldet, sondern dies in Intervallen durchführt. Das hat zur Folge, daß es im Einzelfall zu nicht unerheblichen Zeiträumen zwischen Ausübung der Option durch den Begünstigten und Übertragung der Aktien auf diesen kommt. Problematisch kann bei lang laufenden Optionsprogrammen die fünfjährige Durchführungsfrist[62] werden. Die meisten Optionen werden in der Praxis jedoch schon in relativ kurzer Zeit ausgeübt. Bei Daimler-Benz wurden z.B. im Jahre 1996 schon nach etwa sechs Monaten bereits 75% der Wandelanleihen gewandelt.[63]

§ 202 Abs. 4 AktG, der die Ausgabe neuer Aktien an den Arbeitnehmer vorsieht, ist deshalb von Bedeutung, da der Vorstand nicht beliebig das Bezugsrecht ausschließen und nicht beliebig junge Aktien unter ihrem Marktpreis ausgeben darf, was in der Realität regelmäßig so gehandhabt wird. Liegt eine derartige Satzungsermächtigung nicht vor, darf der Vorstand Aktien an Arbeitnehmer nicht zu Vorzugsbedingungen ausgeben.[64] Liegt jedoch eine Satzungsermächtigung vor, dann sind die sonst zu beachtenden materiell-rechtlichen Schranken des Bezugsrechtsausschlusses, d.h. die Frage, ob der Bezugsrechts-

---

[60] Vgl. Kau, Wolfgang/Leverenz, Niklas, (Mitarbeiterbeteiligung und leistungsgerechte Vergütung durch Aktien-Options-Pläne), BB, 1998, S. 2273.

[61] Vgl. §§ 201 Abs. 1, 191 AktG.

[62] Vgl. Kau, Wolfgang/Leverenz, Niklas, (Mitarbeiterbeteiligung und leistungsgerechte Vergütung durch Aktien-Options-Pläne), BB, 1998, S. 2273.

[63] Vgl. ebenda.

[64] Vgl. Dr. Peltzer, Martin, [Steuer- und Rechtsfragen], AG, 1996, S. 310.

ausschluß im konkreten Fall erforderlich, geeignet und verhältnismäßig ist, nur noch eingeschränkt zu prüfen.

Ein Vorteil der Kapitalerhöhung durch genehmigtes Kapital ist, daß es bis zu 50% des Grundkapitals der Gesellschaft betragen kann.[65] Für Unternehmen, die Aktienoptionspläne in größerem Umfang durchführen wollen, ist dies von Vorteil.

3.2.3 Reguläre Kapitalerhöhung

Eine reguläre Kapitalerhöhung gem. § 182 AktG zur Beschaffung von Aktien für ein Optionsprogramm ist nicht zu empfehlen, da die Kapitalerhöhung auf einen bestimmten Betrag laufen muß. Bei der Einführung des Optionsprogramms ist jedoch noch nicht absehbar, wie viele Mitarbeiter ihr Optionsrecht tatsächlich ausüben werden. Auch durch die Festsetzung eines Mindest- und Höchstbetrags im Erhöhungsbeschluß wird das Problem nicht zufriedenstellend gelöst, da die Zeichnungsfrist in der Regel etwa nur sechs Monate betragen darf.[66] Ein weiterer Nachteil der regulären Kapitalerhöhung ist das Problem, daß Sondervorschriften zum Ausschluß des Bezugsrechts gem. § 186 AktG für die Ausgabe von Aktien an Mitarbeiter nicht vorgesehen sind. Der Hauptversammlungsbeschluß, der den Bezugsrechtsausschluß beinhaltet, unterliegt erheblichen formellen und materiellen Voraussetzungen, was die Gefahr der Anfechtung erhöht.[67]

3.2.4 Bezugsrechte und Wandelschuldverschreibung

Die Ausgabe einer Wandelschuldverschreibung ist verbunden mit einer bedingten Kapitalerhöhung.[68] Das Vorstandsmitglied erhält in diesem Fall bei Eintritt der Bedingung das Recht auf den Bezug von Wandelschuldverschrei-

---

[65] Vgl. § 202 Abs. 3 AktG.

[66] Vgl. Kau, Wolfgang/Leverenz, Niklas, (Mitarbeiterbeteiligung und leistungsgerechte Vergütung durch Aktien-Options-Pläne), BB, 1998, S. 2273.

[67] Vgl. ebenda.

[68] Vgl. § 192 Abs. 2 Nr. 1 AktG i.V.m. § 221 AktG.

bungen oder Optionsanleihen und zwar gegen Zahlung des Nennbetrags.[69] Den Aktionären steht jedoch bei der Ausgabe von Wandel- und Optionsanleihen ein gesetzliches Bezugsrecht für die Schuldverschreibung zu.[70] Dieses Bezugsrecht kann aber ausgeschlossen werden, wenn ein Grund dafür vorliegt. Ob die Einräumung von Bezugsrechten für Vorstandsmitglieder jedoch ein solcher Grund sind, wird im allgemeinen jedoch angezweifelt. Diesem Argument wurde nur solange zugestimmt, solange die Einräumung von Bezugsrechten an Organmitglieder und leitende Mitarbeiter in der Praxis ungewöhnlich war. Inzwischen hat sich aber die Lage verändert, was den Ausschluß der Bezugsrechte sachlich rechtfertigt. Heute ist es im internationalen Wettbewerb nötig, wenn es um Führungskräfte geht, daß die Unternehmen sich der international üblichen Praxis anpassen und demzufolge die Möglichkeit haben sollten, in Ergänzung zum Festgehalt Bezugsrechte zu gewähren. Dennoch ist es erforderlich, daß dies durch entsprechende Kapitalmaßnahmen der Gesellschaft begleitet wird, um Vereinbarungen in den Angestelltenvertrag aufzunehmen oder Leistungen gewähren zu können. Der Bezugsrechtsausschluß ist verhältnismäßig und angemessen. Deshalb erfolgt keine Ungleichbehandlung der Aktionäre.

Die Begebung von Wandel- oder Gewinnschuldverschreibungen zur Gewährung von Aktienoptionen wird durch das KonTraG zwar nicht abgeschnitten, aber aufgrund des hohen Aufwands sind sie für Arbeitnehmer und Mitglieder der Geschäftsführung nicht mehr zu empfehlen. Lediglich für Aufsichtsratsmitglieder ist diese Alternative weiterhin von Interesse, da für diesen Personenkreis die Neuregelungen des KonTraG gegenüber der alten Rechtslage keine Besserung gebracht haben.[71]

3.3 Weitergabe eigener zurückgekaufter Optionen

Der Erwerb eigener Aktien war bereits in der 2. Gesellschaftsrechtlichen EG-Richtlinie von 1976 angesprochen. In anderen Staaten ist der Erwerb von eige-

---

[69] Vgl. Schneider, Uwe, (Aktienoptionen als Bestandteil der Vergütung von Vorstandsmitgliedern), ZIP, 1996, S. 1773.
[70] Vgl. § 221 Abs. 4 AktG.
[71] Vgl. Dr. Claussen, Carsten, (Wie ändert das KonTraG das Aktiengesetz?), DB, 1998, S. 186.

nen Aktien schon häufig angewandte Praxis, nur in Deutschland war dies noch nicht der Fall. Nunmehr ist es jetzt auch das Ziel des deutschen Gesetzgebers, mit der erweiterten Zulassung des Erwerbs eigener Aktien das „Finanzierungs-instrumentarium der deutschen Gesellschaften" dem international üblichen Standard anzugleichen.[72] Der Eigenerwerb soll zur Belebung des Börsenhandels und zur Steigerung der Akzeptanz der Aktie als Anlageform beitragen. Der Eigenerwerb darf allerdings nicht über der kontinuierlichen Kurspflege und dem Handel in eigenen Aktien dienen.

Als Voraussetzungen für den Erwerb eigener Aktien gelten:[73]

- Nicht übersteigende Obergrenze von 10% des Grundkapitals

- Möglichkeit der Bildung der Rücklage für eigene Anteile

- voll eingezahlter Ausgabebetrag auf die zurückzuerwerbenden Aktien und vorliegende Ermächtigung der Hauptversammlung zum Eigenerwerb.

Das Gesetz trennt grundsätzlich zwischen dem Erwerb der Aktien einerseits und einer nachfolgenden Einziehung oder Weiterveräußerung der Aktien anderer-seits.

§ 71 Abs. 1 Nr. 8 AktG n. F. spricht beispielsweise in bezug auf das Gebot der Gleichbehandlung der Aktionäre an, daß Erwerb und Veräußerung der Aktie über die Börse diesem Grundsatz genügen. Für eine andere Veräußerung sind die Vorschriften über den Bezugsrechtsausschluß anzuwenden. Die Hauptver-sammlung kann den Vorstand ermächtigen, die eigenen Aktien ohne weiteren Hauptversammlungsbeschluß einzuziehen.

Wirtschaftlich ist der Erwerb eigener Aktien folgendermaßen zu beurteilen: Wenn der Aktienoptionsplan die Optionsausübung zum Aktienkurs im Zeit-punkt der Optionsgewährung vorsieht, so kann die Gesellschaft jedes Kursrisi-ko dadurch ausschließen, daß sie bereits bei Optionsgewährung eine entspre-chende Anzahl an Aktien kauft und bis zur Optionsausübung hält. Dies ist ein Weg für solche Unternehmen, die über überschüssige Liquidität verfügen und

---

[72] Vgl. Dr. Schmid, Hubert/Dr. Wiese, Götz Tobias, (Bilanzielle und steuerliche Behand-lung eigener Aktien), DStR, 1998, S. 993.

[73] Vgl. Internet: http://www.wiwi.uni-regensburg/Scherrer/edu/opi/aktienrueckkauf.html

aus diesem Grund sowieso ein Aktienrückkaufprogramm auflegen wollen.[74] Für andere Unternehmen ist dieser Weg dagegen mit einem erheblichen Risiko der nutzlosen Vernichtung von Eigenkapital verbunden. Denn im Falle negativer Börsenkursentwicklung werden die Optionsrechte nicht ausgeübt und die Gesellschaft kann sich die Liquidität kurzfristig nur durch die Realisierung eines Verlustes zurückholen. Allerdings erspart sich die Gesellschaft Dividende während der Laufzeit der Optionsrechte. Dies kann die Kosten für eine Fremdfinanzierung aufwiegen. Der Erwerb eigener Aktien zur Deckung der Aktienoptionen für Führungskräfte ist also je nach Situation des Unternehmens ein lohnender Weg.

Ein wesentlicher Unterschied zur Schaffung eines bedingten Kapitals besteht darin, daß im Falle der Optionsausübung ein Aufwand der Gesellschaft entsteht und eine Verwässerung zu Lasten der Altaktionäre vermieden wird.[75]

---

[74] Vgl. Kau, Wolfgang/Leverenz, Niklas, (Mitarbeiterbeteiligung und leistungsgerechte Vergütung durch Aktien-Options-Pläne), BB, 1998, S. 2274.
[75] Vgl. ebenda.

4 Bilanzierung von Stock Options nach HGB und US-GAAP

4.1 Bilanzierung zum Zeitpunkt der Zusage

4.1.1 Bilanzierung nach dem HGB

4.1.1.1 Bedingte Kapitalerhöhung gem. § 192 Abs. 2 Nr. 3 AktG

Werden Stock Options im Rahmen einer bedingten Kapitalerhöhung ausgegeben, dann unterscheidet man zwischen Ausgabe auf gesellschaftsrechtlicher Ebene und Ausgabe auf betrieblicher Ebene.

Zunächst soll auf die Ausgabe auf gesellschaftsrechtlicher Ebene eingegangen werden. Im Rahmen des § 192 Abs. 2 Nr. 3 AktG besteht bei Stock Options, die durch eine bedingte Kapitalerhöhung ausgegeben werden, eine Stillhalterverpflichtung für die Gesellschaft, die bei Ausübung auf gesellschaftsrechtlicher Ebene mit jungen eigenen Aktien bedient wird.[76] Es liegt aber keine bilanzielle Verbindlichkeit des Unternehmens vor. Da die Optionsausgabe hier unentgeltlich erfolgt, stellt sich die Problematik der Vereinnahmung einer Optionsprämie nicht. Bei einer Ausübung kommt es zur Kapitalerhöhung. Die Einlage ist dann in Form des Bezugspreises der Aktien dem Nennkapital und der Kapitalrücklage gutzuschreiben. In der Literatur ist mittlerweile eine Diskussion darüber entbrannt, ob im Zusammenhang mit der unentgeltlichen Optionsgewährung bzw. mit der verbilligten Ausgabe der Aktien eine bilanzielle Einlage vorliegt.[77] In der Literatur wird nun vorgeschlagen, diesen Sachverhalt durch eine Buchung Personalaufwand an Kapitalrücklage in GuV und Bilanz darzustellen.[78] Nach dem 1995 neu herausgegebenen Standard SFA No. 123 sind die Optionen, wenn sie Vergütungscharakter haben, im Zeitpunkt der Zusage zu bewerten und als Personalaufwand über die Perioden bis zum Ende der Sperrfrist zu verteilen.

[76] Vgl. Prof. Dr. Herzig, Norbert, (Steuerliche und bilanzielle Probleme bei Stock Options und Stock Appreciation Rights), DB, 1999, S. 6.
[77] Vgl. Dr. Pellens, Bernhard/Crasselt, Nils, (Bilanzierung von Stock Options), DB, 1998, S. 217.
[78] Vgl. ebenda.

Die Gegenbuchung erfolgt im Eigenkapital, im Ergebnis erfolgt eine Einstellung in die Kapitalrücklage. Pellens/Crasselt[79] stimmen dieser Variante zu, da andernfalls ihrer Meinung nach, die Vermögens-, Finanz- und Ertragslage im Jahresabschluß nicht entsprechend abgebildet sei.

Bei der Ausgabe von Stock Options auf betrieblicher Ebene geht das Unternehmen eine Stillhalterverpflichtung ein, die aus dem Unternehmensvermögen und nicht durch die Ausgabe junger Aktien bedient werden soll. Die Stillhalterverpflichtung besteht in der Verpflichtung, die Aktien zu einem vereinbarten Bezugskurs zu liefern. Im Ausübungsfall muß das Unternehmen die benötigten Papiere erwerben. Das kann nach § 71 Abs. 1 Nr. 8 AktG geschehen. Die Hauptversammlung muß allerdings der Weitergabe der eigenen Anteile an die Mitarbeiter zustimmen. An diesen Ermächtigungsbeschluß werden ähnliche Anforderungen wie an den Beschluß über die Ausgabe von Stock Options nach § 192 Abs.2 Nr. 3 AktG gestellt.[80] Die Stillhalterverpflichtung, die das Unternehmen bei der Ausgabe von Stock Options eingeht, ist bis zur Ausübung ein schwebendes Geschäft.[81] Der Stillhalter hat bis zur Ausübung die bedingte Verpflichtung, seine Hauptleistung zu erfüllen.[82] Die Stillhalterverpflichtung allein zieht während des Schwebezustands grundsätzlich keine bilanziellen Konsequenzen nach sich, solange aus ihr keine Verluste drohen. Die Gegenleistung des Arbeitnehmers ist seine Arbeitskraft. Die Stillhalterverpflichtung ist eine Leistung des Unternehmens im Rahmen des Arbeitsverhältnisses. Arbeitsverhältnisse sind selbst schwebende Dauerrechtsverhältnisse, die nicht zu bilanziellen Ansätzen führen, solange keine zukünftigen drohenden Verluste drohen. Es muß geprüft werden, ob bei Einräumung und an den folgenden Abschlußstichtagen Erfüllungsrückstände auf Seiten des Unternehmens vorliegen, die

---

[79] Vgl. Dr. Pellens, Bernhard/Crasselt, Nils, (Bilanzierung von Stock Options), DB, 1998, S. 218ff.

[80] Vgl. § 71 Abs. 1 Nr. 8 AktG i.V.m. §§ 186 Abs. 3, 4; 193 Abs. 2 Nr. 4 AktG.

[81] Zumindest, wenn – wie hier – die Ausübung der Option wahrscheinlich ist.

[82] Vgl. Prof. Dr. Herzig, Norbert, (Steuerliche und bilanzielle Probleme bei Stock Options und Stock Appreciation Rights), DB, 1999, S. 9.

einen Ausweis einer Verbindlichkeit oder einer Rückstellung für ungewisse Verbindlichkeiten erforderlich machen.[83]

4.1.1.2 Erwerb eigener Aktien gem. § 71 Abs. 1 Nr. 8 AktG

Mit dem durch das KonTraG vom 27.4.1998 in das AktG eingeführten § 71 Abs. 1 Nr. 8 ist unter Beachtung der 2. Gesellschaftlichen EG-Richtlinie die Möglichkeit zum Eigenerwerb von Aktien erleichtert worden.

Wie sich aus §§ 266 Abs. 2 B.III.2., Abs. 3 A.III.2.; 272 Abs. 4 Satz 1 HGB ergibt, sind eigene Aktien im Regelfall im Umlaufvermögen zu aktivieren. Eine Rücklage für eigene Anteile ist in entsprechender Höhe im Eigenkapital zu passivieren. Zudem sind gemäß § 160 Abs. 1 AktG in den Anhang Angaben über eigene Aktien aufzunehmen. Der Erwerb eigener Aktien ist daher ergebnisneutral zu erfassen.[84] § 253 Abs. 1 Satz 1, Abs. 3 Satz 1 HGB besagt ferner, daß die Aktien am Bilanzstichtag auf den niedrigeren Börsenpreis abzuschreiben sind (strenges Niederstwertprinzip). Entsprechend ist die Rücklage für eigene Anteile ergebnisneutral aufzulösen. Der niedrigere Buchwert darf nach § 253 Abs. 5 HGB beibehalten werden, auch wenn der Börsenkurs in künftigen Jahren wieder steigen sollte. Wenn allerdings die erworbenen Aktien zum Zwecke der Einziehung erworben worden sind oder wenn die spätere Veräußerung der Aktien von einem Beschluß der Hauptversammlung in entsprechender Anwendung des § 182 Abs. 1 Satz 1 AktG abhängig gemacht worden ist, sind die erworbenen Aktien nicht aktiv auszuweisen. Der Nennbetrag der erworbenen Aktien ist gemäß § 272 Abs. 1 HGB n. F. offen von dem Posten „gezeichnetes Kapital" als Kapitalrückzahlung abzusetzen. Die Differenz zwischen dem Nennbetrag der Aktien und ihrem Kaufpreis ist mit anderen Gewinnrücklagen i. S. des § 266 Abs. 3 A.III.4. HGB zu verrechnen. Nicht dagegen mit anderen Kapitalpositionen. Weitergehende Anschaffungskosten sind als Aufwand des Geschäftsjahres, in dem der Erwerb erfolgt ist, zu berücksichtigen.

---

[83] Vgl. ebenda.

[84] Vgl. Dr. Schmid, Hubert/Dr. Wiese, Götz Tobias, (Bilanzielle und steuerliche Behandlung eigener Aktien), DStR, 1998, S. 994.

4.1.2 Bilanzierung nach US-GAAP

In den USA existieren schon seit 1948 detaillierte Regelungen zur Behandlung von Stock Options in der Rechnungslegung.[85] Grundlage für die Bilanzierung von Stock Options nach US-GAAP sind die vom Accounting Principles Board (APB) 1972 herausgegebene Opinion No. 25 „Accounting for Stock Issued to Employees"[86] und das vom FASB 1995 herausgegebene Statement of Financial Accounting Standards (SFAS) No. 123 „Accounting for Stock-Based Compensation".[87] Nach SFAS No. 123 ist die Zusage von Stock Options als Personalaufwand in der GuV (Soll) und Erhöhung der Kapitalrücklage (Haben) zu verbuchen und soll im weiteren das APB Opinion No. 25 grundsätzlich ersetzen. Das Unternehmen hat aber das Wahlrecht, auch in Zukunft weiterhin nach APB Opinion No. 25 zu verfahren. Der wesentliche Unterschied der beiden Ansätze ist die Wahl der Bewertungsmethode. Während nach APB Opinion No. 25, Par. 10 nur der innere Wert von Stock Options als Personalaufwand angesetzt werden muß (Intrinsic Value Based Method), sieht SFAS No. 123, Par. 22 eine Bewertung nach finanzwirtschaftlichen Prinzipien und damit auch den Ansatz des Zeitwerts vor (Fair Value Based Method).[88] Auf die einzelnen Bewertungsmethoden wird im Rahmen dieser Diplomarbeit nicht näher eingegangen. Dies würde den Umfang der Arbeit übersteigen. Die jahrelange Kontroverse, die der Verabschiedung von SFAS No. 123 vorausging, ist als einmalig in der Geschichte zu bezeichnen.[89]

Ferner ist bei der Bilanzierung von Stock Options zwischen *noncompensatory* und *compensatory plans* zu unterscheiden. *Noncompensatory plans* stellen eher eine reine Kapitalmaßnahme dar und sind primär nicht als Vergütung für

---

[85] Vgl. Dr. Pellens, Bernhard/Crasselt, Nils, (Bilanzierung von Stock Options), DB, 1998, S. 217-218.

[86] Vgl. FASB, Original Pronouncements, Accounting Standards as of June 1, New York, Vol. 2, 1997, S. 283-294.

[87] Vgl. FASB, Original Pronouncements, Accounting Standards as of June 1, New York, Vol. 1, 1997, S. 1754-1841.

[88] Vgl. Dr. Pellens, Bernhard/Crasselt, Nils, (Bilanzierung von Stock Options), DB, 1998, S. 219.

[89] Vgl. Kieso/Weygandt, (Intermediate Accounting), 9. Auflage, New York, 1998, S. 859-860.

Dienstleistungen gedacht. Während hingegen *compensatory plans* vorwiegend Entlohnungscharakter besitzen. Ein Kennzeichen der *noncompensatory stock options* ist u.a. der relativ niedrige Abschlag vom Marktpreis der Aktie.[90]

4.1.2.1 Ansatz von Personalaufwand

Das FASB hat sich für eine Bilanzierung als Personalaufwand im Zeitpunkt der Zusage entschieden. Es begründet diesen Ansatz überwiegend damit, daß, obwohl kein direkter Mittelzufluß an die Optionsinhaber zu erkennen ist, es trotzdem zu einer Vergütung der Arbeitsleistung komme und dieser stehe ein Vermögensgegenstand gegenüber. Die Nutzung dieses Vermögensgegenstandes ist als Personalaufwand zu erfassen. Mit dieser Begründung wurde auch die Kritik, daß es sich bei Stock Options lediglich um Kapitaltransaktionen handle, widerlegt.[91] Den in den Stock Options begründete Entlohnungscharakter ist für das US-GAAP eine grundlegende Bedingung für die Erfassung als Personalaufwand. Die Ausgabe von Stock Options kann hiernach als Aufwand erfaßt werden, weil es eine Entlohnung für vergangene und künftige Leistungen darstellt.[92]

Das FASB ist der Auffassung, daß die Verbuchung von Stock Options analog einer direkten Entlohnung der Vorstände durch die Aktionäre selbst zu erfolgen hat. Es wird nach SFAS No. 123 Par. 15 der entsprechende Personalaufwand, mit gleichzeitiger Kapitaleinlage der Altaktionäre, im Unternehmen verbucht.[93]

Es werden solche Stock Options in der GuV erfaßt, die als ausgegeben gelten, d.h. wenn deren Sperrfrist abgelaufen ist. Die Zahl der Optionen wird dann entweder geschätzt, oder man berechnet sie anhand von Vergangenheitsdaten um einen reellen Wert ermitteln zu können. Eine Korrektur des auf diesem Weg berechneten Personalaufwands ist nur zulässig, sofern die tatsächliche Anzahl

---

[90] Vgl. Dr. Rammert, Stefan, [Bilanzierung nach US-GAAP], Die Wirtschaftsprüfung, 1998, S. 767.

[91] Vgl. Dr. Pellens, Bernhard/Crasselt, Nils, (Bilanzierung von Stock Options), DB, 1998, S. 219.

[92] Vgl. Dr. Rammert, Stefan, [Bilanzierung nach US-GAAP], Die Wirtschaftsprüfung, 1998, S. 769.

[93] Vgl. Dr. Pellens, Bernhard/Crasselt, Nils, (Bilanzierung von Stock Options), DB, 1998, S. 219.

der ausgegebenen Optionen von dieser Berechnung abweicht, nicht aber falls die Optionen von den Vorständen noch nicht ausgeübt wurden. Dies wird vom FASB damit begründet, daß die Arbeitsleistung trotz allem erbracht wurde.[94]

4.1.2.2 Ansatz einer Kapitalrücklage

Die Gegenbuchung zum Personalaufwand erfolgt grundsätzlich in der Kapitalrücklage. Das Unternehmen besitzt jedoch ein Ausweiswahlrecht, wenn mit den Optionen Arbeitsleistungen mehrerer Perioden vergütet werden. Zum einen kann der gesamte Betrag des Personalaufwands in die Kapitalrücklage (paid-in capital) eingestellt und der in zukünftigen Perioden als Personalaufwand zu verbuchende Betrag als Korrekturposten im Eigenkapital ausgewiesen werden. In den Folgeperioden ist der Korrekturposten dann zeitanteilig aufwandswirksam aufzulösen. Andererseits darf die Kapitalrücklage entsprechend dem in jeder Periode zu verbuchende Personalaufwand erhöht werden.[95]

Beispiel zur **Intrinsic Value-Methode**: [96]

Ein leitender Angestellter der US Inc. erhält die Option, 100 Aktien der Gesellschaft im Nennwert von US-$ 20 zu einem Betrag von US-$ 30 zu erwerben. Im Zeitpunkt der Einräumung der Option beträgt der Marktpreis US-$ 40.

Im Zeitpunkt der Einräumung der Option bucht die Gesellschaft wie folgt:

	Soll	Haben
Personalaufwand	**US-$ 1000**	
Ausstehende Stock Options		US-$ 1000

[100 x (US-$ 40-US-$ 30)]

Bei der Ausübung der Option wird wie folgt gebucht:

---

[94] Vgl. ebenda.

[95] Vgl. Dr. Pellens, Bernhard/Crasselt, Nils, (Bilanzierung von Stock Options), DB, 1998, S. 220.

[96] Vgl. Bogenschütz, Eugen, (Das amerikanische Vorbild: Strukturen, Bilanz- und Steuerrecht), in: Jahrestagung der Fachanwälte für Steuerrecht, Wiesbaden, 1998, S. 442.

	Soll	Haben
Kasse (100 x US-$ 30)	**US-$ 3000**	
Ausstehende Stock Options	US-$ 1000	
Grundkapital (100 x US-$ 20)		US-$ 2000
Kapitalrücklage		US-$ 2000

Die Position „Ausstehende Stock Options" wird als Unterposition des Eigen-kapitals, üblicherweise innerhalb der Kapitalrücklage ausgewiesen. Nachdem die Gesellschaft den Personalaufwand erst in dem Jahr steuerlich geltend machen kann, in dem der Arbeitnehmer den Zufluß versteuert, wäre gegebenen-falls noch ein aktiver Steuerausgleichsposten zu berücksichtigen.

Der entscheidende Nachteil, der oben schon erwähnten „Intrinsic Value"-Methode nach APB No. 25 besteht darin, daß im Zeitpunkt der Einräumung der Option keine Buchung erfolgt, wenn (wie dies in der Regel der Fall ist) der be-günstigte Arbeitnehmer als Optionspreis den Marktpreis der Einräumung zu entrichten hat. Damit wird der Zeitwert der Option nicht berücksichtigt. Diesem unzutreffenden Einblick in die Vermögens- und Ertragslage des Unternehmens versucht die Bewertungsmethode des SFAS No. 123 zu begegnen.[97]

4.2 Bilanzierung zum Zeitpunkt der Ausübung

Zum Zeitpunkt der Ausübung der Stock Options ist nach US-GAAP der von den Managern gezahlte Betrag und der zum Zeitpunkt der Zusage in die Kapi-talrücklage eingestellte Betrag gegen gezeichnetes Kapital und Kapitalrücklage zu buchen. Üben die Führungskräfte ihre Aktienoptionen hingegen bis Ende der Optionsfrist nicht aus, erfolgt eine erfolgsneutrale Umbuchung im Eigenkapital. Die zum Zeitpunkt der Zusage angesetzte Kapitalrücklage (Paid-in Capital

---

[97] Vgl. Dr. Pellens, Bernhard/Crasselt, Nils, (Bilanzierung von Stock Options), DB, 1998, S. 220.

Stock Options) wird gegen eine Kapitalrücklage verfallener Optionen (Paid-in Capital from Expired Stock Options) gebucht.[98]

Auch die handelsrechtliche Bilanzierung der Aktienoptionen erscheint analog.

Der von den Optionsberechtigten bei der Ausgabe der Bezugsaktien gezahlte Betrag ist in das Eigenkapital einzustellen. Er ist dabei auf zwei Positionen aufzuteilen: Der eine Teil in Höhe des Nennwertes der Aktie wird in das gezeichnete Kapital eingestellt, der darüber hinaus erhaltene Betrag ist gemäß § 272 Abs. 2 Nr. 1 HGB in die Kapitalrücklage einzustellen.[99] Demnach ist der von den Begünstigten bezahlte Ausübungspreis gegen das gezeichnete Kapital und die Kapitalrücklage zu dem bereits zum Zeitpunkt der Zusage eingestellten Betrag zu buchen. Erfolgt keine Ausübung der Optionen, sollte dennoch keine erfolgswirksame Vereinnahmung des ursprünglich in die Kapitalrücklage zugeführten Betrags erfolgen[100], sondern nach der herrschenden Meinung unabhängig davon, ob die Optionsrechte ausgeübt werden oder verfallen, in der Kapitalrücklage bleiben.[101] Eine Entnahme aus der Kapitalrücklage ist nur in den gesetzlichen vorgeschriebenen Fällen möglich. Die Bilanzierung zum Zeitpunkt der Ausübung erfolgt also weitgehend analog zu den Regeln nach US-GAAP.

Würde man sich zum Zeitpunkt der Zusage für den Ansatz einer Passivposition im Fremdkapital entscheiden, dann würde sich zum Zeitpunkt der Ausübung der Option der Veräußerungserlös der Aktien um diesen passiven Betrag erhöhen.[102] Das bedeutet für die Bilanzierung von Stock Options, daß der von den Begünstigten gezahlte Ausübungspreis gemeinsam mit dem Betrag aus der aufgelösten Verpflichtung in das gezeichnete Kapital und die Kapitalrücklage einzustellen wäre. Nach der Ausübung der Option stimmt die Höhe des bilanziellen Eigenkapitals also in beiden Fällen überein, unabhängig davon, ob der Ansatz

---

[98] Vgl. ebenda.

[99] Vgl. Küting, Karlheinz, in: Handbuch der Rechnungslegung, Band Ia, 1995, § 272, Rn. 57.

[100] Vgl. Breker, Norbert, (Optionsrechte und Stillhalterverpflichtungen im handelsrechtlichen Jahresabschluß), 1993, S. 176.

[101] Vgl. Döllerer, Georg, [Die Kapitalrücklage], 1986, S. 238.

[102] Vgl. Förschle, Gerhart, in: Beck'scher Bilanzkommentar, 1995, § 246, Rn. 101.

einer Verpflichtung oder einer Kapitalrücklage zum Zeitpunkt der Zusage der Stock Options erfolgt ist.

Wird die Option dagegen nicht ausgeübt, wäre der passivierte Betrag im Falle eines Ansatzes im Fremdkapital erfolgswirksam zu vereinnahmen.[103] Das bedeutet, daß das Eigenkapital um den im anderen Fall bereits zum Zeitpunkt der Zusage in die Kapitalrücklage eingestellten Betrag niedriger ist, was zu einer korrekteren Darstellung der Vermögens-, Finanz- und Ertragslage der Gesellschaft im handelsrechtlichen Jahresabschluß führt.

Folgt man dem anderen in der Literatur vorherrschenden Vorschlag und nimmt zum Zeitpunkt der Zusage gar keinen Ansatz vor, ist zum Zeitpunkt der Ausübung der Stock Options lediglich der tatsächlich von den Managern eingezahlte Ausübungspreis über Kasse an gezeichnetes Kapital und Kapitalrücklage zu verbuchen.

---

[103] Vgl. ADS, Teilband 6, 1998, § 246 HGB, Rn. 373.

5 Steuerliche Behandlung von Stock Options

5.1 Entwicklung der gesetzlichen Grundlage

Der Bundesfinanzhof beschäftigte sich mit Mitarbeiteraktienoptionen erstmals im Jahre 1972.[104] Ausgangspunkt war, daß ein unbeschränkt steuerpflichtiger Geschäftsführer einer im Inland ansässigen GmbH im Jahre 1959 von der amerikanischen Muttergesellschaft ein Optionsrecht auf den Bezug von Aktien dieser Gesellschaft zum damaligen Börsenkurs erhielt. Der Geschäftsführer der inländischen GmbH übte erst 1961 die ihm gewährte Option aus. Der Börsenkurs war inzwischen über den Börsenkurs am Ausgabetag der Option gestiegen. Im Rahmen seiner Einkommensteuerveranlagung strebte er eine Besteuerung im Zeitpunkt der Einräumung seiner Chance an, die auf einen späteren günstigen Vermögenserwerb gerichtet war. Der VI. Senat des BFH befaßte sich mit dieser Sache und sah in der Gewährung des Optionsrechtes zunächst nur die Einräumung einer Chance, die auf einen späteren günstigen Vermögenserwerb gerichtet war. Eine solche Chance könne keinen Zufluß beim Steuerpflichtigen auslösen, denn Chancen dieser Art seien nur im Wege der Schätzung zu bewerten. Ferner könne man ja nicht wissen, ob der Begünstigte die Option zu einem späteren Zeitpunkt überhaupt ausüben werde. Ein Indiz für die fehlende Wirtschaftsgut-Eigenschaft sei die Verfügungsbeschränkung des Steuerpflichtigen über die Option.[105]

5.2 Steuerliche Auswirkungen

5.2.1 Steuerliche Auswirkungen beim Begünstigten

Die Aktienoption des Mitarbeiters und Optionsinhabers ist Bestandteil des Einkommens und unterliegt somit der Besteuerung. Gewährte Aktienoptionen sind dem zu versteuernden Einkommen zuzurechnen. Die Ausgabe von Aktienoptio-

[104] Vgl. BFH v. 10.3.1972, VI R 278/68, BStBl. II 1972, 596.
[105] Vgl. Isensee, T., (Mitarbeiteraktienoption - mehr als eine steuerliche Gewinnchance?), DStR, 1999, S. 143.

nen – unentgeltlich oder verbilligt – stellen Arbeitslohn im Sinne von § 19 EStG dar, wenn zum einen die Veranlassung für die Überlassung der Kapitalanteile im Dienstverhältnis verwurzelt ist und zum anderen durch die Überlassung ein geldwerter Vorteil zugewendet wird.[106] Zu den Einkünften aus nichtselbständiger Arbeit zählen Gehälter, Löhne, Tantieme sowie andere Bezüge und Vorteile, die für eine Beschäftigung im öffentlichen oder privaten Dienst gewährt werden

(vgl. § 19 Abs. 1 Nr. 1 EStG).[107] Dies gilt auch für Bezüge und Vorteile aus früheren Dienstleistungen. Es ist gleichgültig, ob es sich um laufende oder einmalige Bezüge handelt und ob ein Rechtsanspruch auf sie besteht. Arbeitslohn sind alle Einnahmen, die dem Arbeitnehmer aus dem Dienstverhältnis zufließen. Es ist unerheblich, unter welcher Bezeichnung oder in welcher Form die Einnahmen gewährt werden.[108] Auch Leistungen durch Dritte können Arbeitslohn darstellen, wenn der Arbeitnehmer den erlangten Vorteil wirtschaftlich als Frucht seiner Dienstleistung für den Arbeitgeber betrachten kann. § 8 Abs. 1 EStG besagt, daß Einnahmen alle Güter sind, die in Geld oder Geldeswert bestehen. Der Begriff der sog. „geldwerten Vorteile"[109] bezieht sich hier nicht auf die viel diskutierten Beispiele der Dienstwagen, Vielfliegerrabatte und des verbilligten Bezugs von Pkw für Mitarbeiter der Automobilindustrie, sondern auf den Bezug von jungen Aktien, die einen geldwerten Vorteil darstellen.

Der geldwerte Vorteil ermittelt sich aus der Differenz zwischen dem maßgeblichen Kurswert und dem Übernahmepreis bei der Verschaffung der Aktien, wenn die Besteuerung im Zeitpunkt der Ausübung erfolgt.[110]

---

[106] Vgl. BFH-Urteil v. 19.7.1996, VI R 19/96, BFH/NV 1997, 179.
[107] Vgl. Feddersen, Dieter, (Beteiligung von Führungskräften am AG-Kapital), ZHR 161, 1997, S. 275.
[108] Vgl. § 2 Abs. 1 LStDV.
[109] Vgl. Feddersen, Dieter, (Beteiligung von Führungskräften am AG-Kapital), ZHR 161, 1997, S. 275.
[110] Vgl. Rapp, Arnold, Vortrag zum Thema: „ Besteuerung von Stock Options aus Sicht des Mitarbeiters, Seminar, Management Circle, Frankfurt, 13./14. Dezember 1999, S. 17.

Beispiel:[111]

Im Zeitpunkt der Ausübung des Optionsrechts hat die Aktie der X-AG einen Kurswert von 150 DM. Der Mitarbeiter hat bei der Ausübung der Option je Aktie einen Basispreis von 100 DM zu leisten. Der Basispreis wird je Aktie durch den Nennwert einer Wandelanleihe (5 DM) und eine Zuzahlung (95 DM) entrichtet. Der Mitarbeiter erwirbt durch die Option 1.000 Aktien, wofür ihm seitens der Bank Aufwendungen i.H.v. 2.300 DM belastet werden.

Wert der Aktien	1.000 x 150 DM	=	150.000 DM
abzüglich:			
Wandelanleihe	1.000 x 5 DM	=	5.000 DM
Zuzahlung	1.000 x 95 DM	=	95.000 DM
Bankgebühren		=	2.300 DM
geldwerter Vorteil		=	**47.700 DM**

Der Vorteil aus der gewährten Aktienoption ist als Arbeitslohn erst dann zu versteuern, wenn er zu einer Einnahme wird. Im steuerlichen Sinn liegt aber eine Einnahme erst dann vor, wenn es beim Begünstigten zum Zufluß von Geld oder wie hier zum Zufluß eines geldwerten Vorteils kommt.[112] Ein Zufluß erfolgt bereits bei der Einräumung, wenn es sich um ein verkehrsfähiges Wirtschaftsgut handelt, d.h. es muß frei handelbar sein. Das bedeutet, daß die Optionen ohne Einschränkungen an Dritte veräußerbar sein müssen.[113] Ist dies nicht der Fall, so handelt es sich lediglich um eine Gewinnchance. Es entsteht dann erst bei Ausübung der Option ein steuerpflichtiger geldwerter Vorteil. Stellen die Optionen lediglich eine Gewinnchance dar, sind sie für den Begünstigten im Zeitpunkt der Ausgabe noch nicht nutzbringend und somit kein geldwerter Vorteil. Diese

---

[111] Vgl. ebenda.

[112] Vgl. Prof. Dr. Herzig, Norbert, (Steuerliche und bilanzielle Probleme bei Stock Options und Stock Appreciation Rights), DB, 1999, S. 2.

[113] Vgl. Haas, Werner/Pötschan, Hermann, (Ausgabe von Aktienoptionen an Arbeitnehmer und deren lohnsteuerliche Behandlung), DB, 1998, S. 2138ff.

Auffassung wurde mit einem neuen Urteil des BFH im Juli diesen Jahres erneut bestätigt. Im Urteil vom 23.07.1999[114] lautet es: „Es ist nicht zweifelhaft, daß ein Zufluß von Arbeitslohn nicht bereits durch die Einräumung eines Anspruchs gegen den Arbeitgeber, sondern grundsätzlich durch dessen Erfüllung begründet wird."[115]

Fraglich ist hingegen, zu welchem Zeitpunkt der geldwerte Vorteil soweit konkretisiert ist, daß er der Besteuerung unterliegt. Die jeweilige Ausgestaltung des Optionsrechtes ist für die Beurteilung maßgeblich. Feddersen[116] unterscheidet dabei zwischen „der Ausgabe verbriefter Optionsrechte als verkehrsfähige Wirtschaftsgüter" auf der einen Seite und „der Option zu einem Aktienbezug unter bestimmten Bedingungen und zu einem späteren Zeitpunkt" auf der anderen Seite. Er sagt außerdem, daß zwischen der Ausgabe von echten Optionsrechten und einfachen Anwartschaften auf den vergünstigten Bezug von Aktien meist nicht unterschieden wird, was unter Umständen an der mißglückten Übersetzung des Begriffs „Stock Option Programm" liegen mag, denn der Terminus „Stock Option" bezieht sich nicht nur auf das technische Optionsrecht, sondern auch auf die Anwartschaft auf den Bezug verbilligter Aktien.[117] Der BFH hat in verschiedenen Urteilen[118] bestätigt, daß zur Bestimmung, ob eine Vorteilszuwendung Arbeitslohn darstellt, die Sicht des Mitarbeiters maßgeblich sein soll. Andererseits führt der BFH aus[119], daß kein Arbeitslohn anzunehmen ist, wenn die Zuwendung auf nicht auf dem Dienstverhältnis beruhender Beziehungen zwischen Arbeitnehmer und Arbeitgeber gewährt wird.

Eine Steuerbefreiung nach § 19 a Abs. 1 EStG kann möglich sein, ist aber bei den meisten Programmen für Führungskräfte wegen der restriktiven Bedingungen nicht einfach zu gestalten. Auf diesen Punkt wird jedoch später noch

---

[114] Vgl. BFH-Urteil v. 23.07.1999 - VI B 116/99.

[115] Vgl. o.V., (Zum Lohnzufluß bei Aktienoptionen), DStR, 1999, S. 1524.

[116] Vgl. Feddersen, Dieter, (Beteiligung von Führungskräften am AG-Kapital), ZHR 161, 1997, S. 275.

[117] Vgl. ebenda.

[118] Vgl. BFH v. 2.3.1962, VI 255/60 U, BStBl. III 1962, 214 (216); v. 22.2.1963, VI 165/61 U, BStBl. III 1963, 306 (307); v. 23.10.1992, VI R 62/88, BStBl. II 1993, 117 (118).

[119] Vgl. BFH v. 22.3.1985, VI R 170/82, BStBl. II 1985, 529 (530); v. 7.8.1987, VI R 53/84, BStBl. II 1987, 822 (823).

etwas detaillierter eingegangen. Die zufließenden Einkünfte stellen in der Regel eine Vergütung für eine mehrjährige Tätigkeit im Sinne des § 34 EStG dar.[120] In dem Moment, in dem der geldwerte Vorteil als Arbeitslohn zufließt, erlischt in Bezug auf die weiteren Entwicklungen der Optionen oder der erworbenen Aktien der Zusammenhang mit dem Dienstverhältnis. Daher ist, wenn die Optionen bereits bei Einräumung versteuert wurden, der bei Ausübung realisierte Vorteil kein Arbeitslohn mehr. Die Optionen bzw. die Aktien befinden sich dann im Privatvermögen. Ein anderer Aspekt, der noch beachtet werden sollte, ist die Entwicklung des Unternehmens. Verliert das Unternehmen bspw. an Wert, dann werden die Optionen, die nur als Gewinnchancen zu werten sind, u.U. nicht eingelöst und es entsteht kein geldwerter Vorteil.

5.2.1.1 Gewährung verbriefter Optionsrechte

Erhält der Begünstigte verbriefte (unbedingte und handelbare) Optionsrechte unentgeltlich oder verbilligt, dann kann dem Optionsrecht bereits im Zeitpunkt der Gewährung ein selbständiger Geldwert zugeordnet werden. Auch wenn die Optionsrechte nicht an der Deutschen Terminbörse gehandelt werden, läßt sich ihr Marktwert bspw. anhand der **Black-Scholes Formel**[121] zuverlässig bestimmen (Die Grundidee von Black/Scholes ist das „pricing by dublication", die Optionsbewertung durch das Duplizieren der Zahlungsströme einer Option mit Hilfe anderer Finanzinstrumente, deren Marktpreis bekannt ist. Das Duplizieren kann durch die Bildung eines sog. risikolosen Hedge-Portefeuilles aus Aktien, risikolosen Wertpapieren und Krediten geschehen.[122] Dieses Portefeuille muß so zusammengesetzt sein, daß unter allen künftig sich realisierenden Umweltzuständen die gleichen Rückschlüsse produziert werden, wie sie auch durch die zu

---

[120] Vgl. Herzig, Norbert, (Steuerliche Konsequenzen von Aktienoptionsplänen), in: Unternehmensorientierte Entlohnungssysteme, 1998, S. 176.

[121] Vgl. Zur ausführlicheren Beurteilung muß auf die einschlägige Literatur verwiesen werden: Black, Fischer/Scholes, Myron, (The Pricing of Options and Corporate Liabilities), in: Journal of Political Economy, Vol 81, 1973, S. 637-654.

[122] Vgl. Franke, Günther/Hax, Herbert, (Finanzwirtschaft des Unternehmens und Kapitalmarkt), 3. Auflage, Berlin, Heidelberg, 1994, S. 370.

duplizierende Option ausgelöst würden.[123]). Im Zeitpunkt der Gewährung des Optionsrechts durch das Unternehmen an den Mitarbeiter unterliegt die Differenz zwischen dem Marktwert und dem bezahlten, niedrigeren Kaufreis als geldwerter Vorteil der Besteuerung im Rahmen der Einkünfte aus nichtselbständiger Arbeit. Wird das Optionsrecht hingegen zum Marktpreis durch den Mitarbeiter erworben, dann ist von seiten des Arbeitgebers kein geldwerter Vorteil gewährt worden und die Überlassung erfolgt somit steuerfrei.

Die Ausübung oder Veräußerung des Optionsrechts durch den Begünstigten folgt in beiden Fällen den allgemeinen Regeln der Besteuerung. Veräußert der Begünstigte das im Privatvermögen gehaltene Optionsrecht innerhalb eines Jahres nach der Gewährung, dann unterliegt ein realisierter Veräußerungsgewinn der Besteuerung aus privaten Veräußerungsgeschäften.[124] Gemäß § 23 Abs. 3 Nr. 5 EStG bleiben Gewinne aus privaten Veräußerungsgeschäften bis zu insgesamt DM 1000,- je Kalenderjahr steuerfrei.

Der Gewinn oder Verlust aus privaten Aktienverkäufen ist der Unterschiedsbetrag zwischen Veräußerungspreis einerseits und Anschaffungskosten und den Werbungskosten andererseits.[125]

Beispiel:[126]

Der Mitarbeiter hat die im Rahmen des Stock-Option-Plans erworbenen Aktien innerhalb der zwölfmonatigen Spekulationsfrist zum Kurswert von 200 DM je Aktie veräußert. Die Bank berechnet im Zusammenhang mit dem Verkaufsgeschäft 3.000 DM an Gebühren, Provisionen, Spesen und Maklercourtage.

---

[123] Vgl. Bühler, Wolfgang, (Prinzipien der Bewertung von Optionen), in: Optionen und Futures; Göppel, H./Bühler, W./von Rosen, R. (Hrsg.), Frankfurt am Main, 1990, S. 65-78.

[124] Vgl. §§ 22 Nr. 2, 23 Abs. 1 Nr. 2 (neue Fassung ab 1.1.1999) EStG.

[125] Vgl. ebenda.

[126] Vgl. Rapp, Arnold, Vortrag zum Thema: „ Besteuerung von Stock Options aus Sicht des Mitarbeiters, Seminar, Management Circle, Frankfurt, 13./14. Dezember 1999, S.19.

Veräußerungspreis	1.000 Aktien x 200 DM	=	200.000 DM
abzüglich:			
Anschaffungskosten (bei Optionsausübung)		=	150.000 DM
Werbungskosten		=	3.000 DM
steuerpflichtige Einkünfte		=	**47.000 DM**

Bei Ausübung der Option zum Basispreis gehört die gezahlte Optionsprämie zu den Anschaffungskosten der Aktien. Werden die so erworbenen Aktien im Privatvermögen gehalten und später veräußert, unterliegt der Gewinn aus der Veräußerung nur dann der Besteuerung, wenn die Frist von einem Jahr zwischen Anschaffung und Veräußerung nicht eingehalten wird.[127]

Ist ein Verlust aus dem Optionsgeschäft abzusehen, dann empfiehlt es sich, die Option zu veräußern bzw. ein Gegengeschäft (Glattstellung) einzugehen. Die Differenz aus der gezahlten und der erzielten Optionsprämie ist unter den weiteren Voraussetzungen des § 23 EStG als Verlust aus privaten Veräußerungsgeschäften anzusehen. Eine Verrechnung dieser Verluste findet jedoch nur mit Gewinnen aus den privaten Veräußerungsgeschäften statt, die der Steuerpflichtige im gleichen Kalenderjahr erzielt hat; ein Verlustrücktrag gem. § 10 d EStG ist nicht zulässig.[128] Dennoch besteht die Möglichkeit einen Veräußerungsverlust mit Gewinnen aus privaten Veräußerungsgeschäften des Vorjahres oder der Folgejahre zu verrechnen.

Ein wichtiges Merkmal, durch das sich das verbriefte Optionsrecht von der Gewährung von Aktien im Rahmen einer individuellen Zusage unterscheidet, ist die freie Handelbarkeit des Optionsrechts. Selbst wenn das Optionsrecht einer langen Optionsfrist unterliegt, ist das Optionsrecht selbständig handelbar. Das verdeutlicht auch, warum unter den gegenwärtig am Markt eingeführten Optionsprogrammen keine verbrieften Optionsrechte ausgegeben werden.[129] Nur mit

---

[127] Vgl. §§ 22 Nr. 2, 23 Abs. 1 Nr. 2 (neue Fassung ab 1.1.1999) EStG.

[128] Vgl. § 23 Abs. 3 Nr. 6 (neue Fassung ab 1.1.1999) EStG.

[129] Vgl. Feddersen, Dieter, (Beteiligung von Führungskräften am AG-Kapital), ZHR 161, 1997, S. 277.

Ausgabe reiner Optionsrechte läßt sich die angestrebte Bindung des Mitarbeiters an das Unternehmen nicht oder nur schwer erreichen.

5.2.1.2 Gewährung von Aktien im Rahmen einer individuellen Zusage

Im Gegensatz zu den handelbaren Optionen gibt es noch das Versprechen des Unternehmens, den Mitarbeitern in der Zukunft Aktien zu einem bereits festgelegten Preis zu überlassen. Diese Zusagen sind meist nur speziell für Mitarbeiter konzipiert und beinhalten Bedingungen wie Haltefristen oder andere einschränkende bzw. aufschiebende Bedingungen. Meist handelt es sich bei dem gewährten Optionsrecht um ein nicht verkehrsfähiges Wirtschaftsgut, dem kein selbständiger Geldwert zugeordnet werden kann. Obwohl im allgemeinen Sprachgebrauch von Optionsrechten die Rede ist, kann man eigentlich eher nur von Anwartschaften auf den – zumeist verbilligten – Bezug von Aktien sprechen. Diese Rechte oder Anwartschaften sind in aller Regel der Kategorie der unechten Optionsrechte zuzuordnen.[130]

Grundsätzlich bestehen drei Möglichkeiten für die Besteuerung. Zum einen kann sie bei Einräumung des Optionsrechts oder bei Ausübung des Optionsrechts erfolgen und schließlich bei Veräußerung der aufgrund des Optionsrechts bezogener Aktien.

Sowohl Bundesfinanzhof, Finanzverwaltung als auch die herrschende Ansicht im steuerrechtlichen Schrifttum plädieren für eine Versteuerung des Optionsrechts erst im Zeitpunkt der Ausübung. Es wird dann die Differenz zwischen dem Basispreis, d.h. dem Kurs, zu dem die Aktien vom Optionsinhaber bezogen werden können, und dem aktuellen Börsenkurs im Zeitpunkt der Ausübung der Option versteuert.[131] Werden die bezogenen Aktien im Privatvermögen gehalten und anschließend veräußert, sind die erzielten Gewinne aus der Veräußerung bei Einhaltung der Frist von einem Jahr steuerfrei.[132]

---

[130] Vgl. Feddersen, Dieter, (Beteiligung von Führungskräften am AG-Kapital), ZHR 161, 1997, S. 278.
[131] Vgl. ebenda.
[132] Vgl. §§ 22 Nr. 2, 23 Abs. 1 Nr. 2 (neue Fassung ab 1.1.1999) EStG.

5.2.1.3 Sozialversicherungsrechtliche Behandlung

Ferner sollte der Aspekt der sozialversicherungsrechtlichen Behandlung des geldwerten Vorteils beim Begünstigten in diesem Rahmen noch behandelt werden. Die Anteile gelten als Arbeitsentgelt i. S. der Sozialversicherung[133] und sind im vollen Umfang sozialabgabenpflichtig. Das bedeutet, daß Beiträge zur Kranken-, Renten- und Arbeitslosenversicherung entrichtet werden müssen. Bei Pflichtversicherten sind diese Beträge nach § 381 Abs. 1 RVO für die Krankenversicherung und nach § 1385 Abs. 4 RVO bzw. § 112 Abs. 4 AVG für die Rentenversicherung vom Arbeitgeber und vom Versicherten je zur Hälfte zu tragen. Für die Arbeitslosenversicherung gilt nach § 167 AFG das gleiche. Für ein zeitliches Hinausschieben der Fälligkeit der Sozialabgaben (Arbeitgeber- und Arbeitnehmeranteil) gelten die gleichen Kriterien wie für die Verschiebung der Fälligkeit der Lohnsteuer.[134] Auch kamen die Spitzenverbände der Sozialversicherungsträger bei ihrer Besprechung vom 26./27.06.1999 zu dem Ergebnis, daß für den Bereich der Sozialversicherung eine beitragsrechtliche Berücksichtigung des geldwerten Vorteils von Aktienoptionen erst bei Ausübung der Option erfolgen soll (in Anlehnung an die steuerrechtliche Behandlung).[135] Nach deren Auffassung wird im Monat der Auszahlung bzw. im Monat der Aktienübernahme der geldwerte Vorteil nicht nur steuerrechtlich, sondern auch beitragsrechtlich berücksichtigt. Der geldwerte Vorteil ist ferner dem letzten Entgeltabrechnungszeitraum im laufenden Kalenderjahr zuzuordnen, falls er dem Begünstigten erst nach Beendigung des Beschäftigungsverhältnisses zufließt. Für den Fall, daß das Beschäftigungsverhältnis schon im Vorjahr geendet hat, unterliegt der geldwerte Vorteil nur dann der Beitragspflicht des Vorjahres, wenn er im ersten Quartal des Folgejahres angefallen ist.[136]

---

[133] Vgl. Prof. Dr. Drukarczyk, Jochen/Dr. Schwetzler, Bernhard, (Mitarbeiterbeteiligung und Unternehmensfinanzierung), DB, 1990, S. 1777.

[134] Vgl. Urteil des BSG v. 01.12.1977, Az. 12.

[135] Vgl. o.V., (Sozialversicherung; beitragsrechtliche Behandlung von Aktienoptionen), NWB, Nr. 42 v. 18.10.1999, S. 3854.

[136] Vgl. ebenda.

5.2.2 Steuerliche Auswirkungen beim Unternehmen

5.2.2.1 Auswirkungen auf die Steuerbilanz des Unternehmens

Die Finanzverwaltung hat in einem BMF-Schreiben vom 2. Dezember 1998[137] zur steuerlichen Behandlung des Erwerbs eigener Aktien Stellung genommen. Der Erwerb eigener Aktien, die nach handelsrechtlichen Grundsätzen zu aktivieren sind, stellt bei der Aktiengesellschaft ein Anschaffungsgeschäft dar. Somit ist der Erwerb von eigenen Aktien nach § 5 Abs. 1 Satz 1 EStG auch in der Steuerbilanz mit den Anschaffungskosten[138] zu aktivieren. Die Zahlung eines überhöhten Kaufpreises kann eine verdeckte Gewinnausschüttung[139] (Vorteil der Gesellschaft an den Begünstigten) darstellen mit der Folge, daß eine andere Ausschüttung im Sinne von § 27 Abs. 3 Satz 2 KStG anzunehmen ist. Es kann aber eine verdeckte Gewinnausschüttung deshalb regelmäßig nicht angenommen werden, wenn der Erwerb der eigenen Aktien über die Börse erfolgt, da der Preis dort fest vorgegeben wird. Umgekehrt kann ein geringerer Preis eine verdeckte Einlage (Vorteil des Begünstigten an die Gesellschaft) zur Folge haben.[140]

Ist der Erwerb eigener Aktien nach handelsrechtlichen Grundsätzen nicht zu aktivieren, dann dürfen nach § 5 Abs. 1 Satz 1 EStG die eigenen Aktien auch in der Steuerbilanz nicht aktiviert werden. Der Erwerb stellt aber trotzdem ein Anschaffungsgeschäft dar. Die gesellschaftsrechtlich veranlaßte Minderung des in der Steuerbilanz auszuweisenden Betriebsvermögens darf sich nicht auf den steuerlichen Gewinn auswirken. Die Differenz zwischen dem Kaufpreis und dem Nennwert oder (bei Stückaktien) dem rechnerischen Wert der eigenen Aktien ist vom EK 04 abzuziehen, selbst wenn dieses dadurch negativ wird.[141]

---

[137] Vgl. BMF-Schreiben v. 2.12.1998 - IV C 6 - S 2741 - 12/98, (Steuerrechtliche Behandlung des Erwerbs eigener Aktien).

[138] Vgl. § 6 Abs. 1 Nr. 2 Satz 1 EStG.

[139] Vgl. § 8 Abs. 3 Satz 2 KStG.

[140] Vgl. Dr. Schmid, Hubert/Dr. Wiese, Götz Tobias, (Bilanzielle und steuerliche Behandlung eigener Aktien), DStR, 1998, S. 994.

[141] Vgl. Dr. Oser, Peter, (Bilanzierung eigener Aktien in Handels- und Steuerbilanz auf dem Boden des KonTraG), StB, 1999, S. 378.

5.2.2.2 Lohnsteuerhaftung

Der Arbeitgeber ist nach § 3 Abs. 1 EStG allgemein verpflichtet, für den von ihm gezahlten Arbeitslohn die Einkommensteuer in Form der Lohnsteuer einzubehalten. Dies gilt auch, soweit im Rahmen des Dienstverhältnisses der Arbeitslohn „üblicherweise" von Dritten gezahlt wird.[142]

Für das Unternehmen können daraus beträchtliche Risiken entstehen. Die Lohnsteuer ist im Zeitpunkt des Zuflusses des geldwerten Vorteils beim Arbeitnehmer einzubehalten. In der Regel wird dies der Zeitpunkt der Ausübung sein. Bei den mit den Optionen verbundenen Gewinnchancen werden regelmäßig erhebliche Lohnsteuerbeträge fällig, die leicht die laufenden Bezüge der Begünstigten übersteigen können. Obwohl letztendlich der Arbeitnehmer, also der Begünstigte, der Steuerschuldner ist, so haftet der Arbeitgeber jedoch nach § 42 d EStG für nicht ordnungsgemäß einbehaltene Lohnsteuer.

Ein weiteres, nicht zu unterschätzendes Problem entsteht außerdem noch, wenn das Unternehmen den Zeitpunkt der Ausübung und den Umfang des geldwerten Vorteils nicht erfährt, insbesondere wenn die Optionen durch die Muttergesellschaft oder einen Dritten bedient werden.[143] Falls die Optionen durch Dritte gewährt werden, so kann möglicherweise gegen die Einbehaltungspflicht der Einwand vorgetragen werden, daß derartige Optionsprogramme nicht „üblicherweise" als Arbeitslohn gewährt werden. Beauftragt jedoch der Dritte ein Kreditinstitut, dann besteht die Gefahr, daß dieses lediglich als Zahlstelle für den Arbeitgeber angesehen wird und dieser Einwand nicht greift.[144]

Für das Unternehmen ist es deshalb wichtig, durch vertragliche Regelungen in Bezug auf Informationspflichten und Zahlungsmodalitäten die Erfüllung der Lohnsteuerpflicht des Mitarbeiters sicherzustellen, um so etwaigen Problemen vorzubeugen.

---

[142] Vgl. § 38 Abs. 1 Satz 2 EStG.

[143] Vgl. Portner, Rosemarie, (Lohnsteuerliche Behandlung der Gewährung von Stock Options durch die ausländische Muttergesellschaft), DStR, 1997, S. 1876ff.

[144] Vgl. Drenseck, W., in: Schmidt, Einkommensteuergesetz; Kommentar, 18. Auflage, 1999, § 38 EStG, Rz. 9.

5.3 Zeitpunkt der Besteuerung

Dem zunehmenden Interesse deutscher Unternehmen, ihre Arbeitnehmer über Aktienoptionspläne am Erfolg des Unternehmens zu beteiligen, steht häufig die Unsicherheit der steuerrechtlichen Einordnung solcher Optionen entgegen. Im nachfolgenden Abschnitt wird dargestellt, ob de lege data die Besteuerung eines geldwerten Vorteils aus der Gewährung von Aktienoptionen an Mitarbeiter im Zeitpunkt der Gewährung („Anfangsbesteuerung") oder im Zeitpunkt der Ausübung („Endbesteuerung") der Option erfolgen sollte.

Diese Analyse erfolgt unabhängig davon, daß der BFH mit seinem Beschluß vom 23.07.1999 IV B 116/99 entschieden hat, daß es nicht ernsthaft zweifelhaft sei, daß ein Zufluß von Arbeitslohn nicht bereits durch Einräumung eines Anspruchs gegen das Unternehmen, sondern grundsätzlich erst durch dessen Erfüllung begründet werde.[145]

5.3.1 Anfangsbesteuerung von Stock Options

Unter Anfangsbesteuerung versteht man die Besteuerung der Stock Option bereits bei der Einräumung des Optionsrechts. Wie der BFH, der diese Variante der Besteuerung ablehnt, sieht auch die Unternehmervereinigung in der Anfangsbesteuerung von Stock Options eine Benachteiligung in dreifacher Weise für den Begünstigten.[146] Einerseits stellt die Versteuerung im Moment der Übertragung der Option ein Risiko für den Begünstigten dar. Besteht die Option schon in Geld, so kann für den Begünstigten unter Umständen eine erhebliche Steuerbelastung auftreten, ohne daß ihm bei evtl. eintretenden Kursverlusten je ein Vermögensvorteil entstanden ist, da er die Option nicht ausübt.[147] Dies ist jedoch ein Risiko, das der Mitarbeiter bei jeder Vermögensanlage eingeht, die er mit Rücksicht auf seine Mitarbeiterstellung unter Marktwert eingeräumt erhält.[148] Ferner haben die Begünstigten keinerlei Sicherheit, ob sie die Aktien

---

[145] Vgl. Dr. Eckert, Ralf, (Besteuerung von Stock Options), DB, 1999, S. 2490.

[146] Vgl. o.V., („Aktienoptionen erst beim Verkauf der Aktien besteuern"), FAZ v. 02.09.1999, S. 20.

[147] Vgl. Dr. Peltzer, Martin, [Steuer- und Rechtsfragen], AG, 1996, S. 315.

[148] Vgl. ebenda.

später überhaupt zu einem höheren Preis als dem Optionspreis verkaufen können. Und abschließend ist zu bemerken, daß sie schlechter gestellt sind, als
Anleger, da diese innerhalb der Frist des § 23 EStG Kursgewinne steuerfrei erhalten, die die Begünstigten versteuern müssen.

Die Finanzverwaltung fordert für eine Anfangsbesteuerung eine uneingeschränkte Veräußerbarkeit der Option an einem vorhandenen und für alle offe-
nen Markt. Die uneingeschränkte Veräußerbarkeit ist nach Ansicht der Finanzverwaltung nicht anzunehmen, wenn der Arbeitgeber (oder für ihn ein Dritter)
Stillhalter[149] der Option ist und ein Vorkaufsrecht für sich (oder den Dritten)
vereinbart. In diesem Fall wird dem Arbeitnehmer mit der Option nur eine nicht
zum Zufluß führende Gewinnchance eingeräumt. Das bedeutet, daß, falls eine
Anfangsbesteuerung erreicht werden möchte, das Ziel auf die Einräumung von
marktgängigen Optionsrechten ausgerichtet sein muß.[150]

Märktgängige Optionsrechte, die z.B. an der Börse gehandelt werden und vom
Mitarbeiter jederzeit veräußerbar wären, sind jedoch wegen der unternehmerischen Zielsetzung für ein kapitalmarktorientiertes Vergütungsmodell auf Basis
eines Stock Options-Plans nicht immer optimal. Aus Sicht des Mitarbeiters
würde eine Besteuerung der Optionsrechte zu einem Liquiditätsabfluß führen,
ohne daß zu diesem Zeitpunkt schon sicher ist, ob durch die Möglichkeit einer
Optionsausübung ein Liquiditätszufluß eintreten wird. Erlangt der Mitarbeiter
ein marktgängiges Optionsrecht, führt die spätere Veräußerung einer zum Privatvermögen gehörenden Option zu steuerpflichtigen Einkünften, wenn, wie
oben bereits erwähnt, ein Gewinn innerhalb der Frist des § 23 EStG realisiert
wird.[151]

5.3.2 Endbesteuerung von Stock Options

Wie der BFH im bereits oben erwähnten Urteil entschieden hat, ist die relevante
Besteuerungsmöglichkeit die Endbesteuerung. Das bedeutet, daß die Option

---

[149]   Zur näheren Erläuterung siehe Punkt 1.1.

[150]   Vgl. Rapp, Arnold, Vortrag zum Thema: „ Besteuerung von Stock Options aus Sicht des
        Mitarbeiters, Seminar, Management Circle, Frankfurt, 13./14. Dezember 1999, S. 3.

[151]   Vgl. ebenda.

nicht bereits bei der Einräumung des Optionsrechts besteuert wird, sondern erst bei dessen Ausübung. Nicht bereits das Versprechen auf eine Sache, sondern erst die Verschaffung des wirtschaftlichen Eigentums an der versprochenen Sache führt zum Zufluß. Laut Aussage des VI. Senats, komme es nicht darauf an, ob es sich bei einem Optionsrecht um ein Wirtschaftsgut handle und wie es zu bewerten sei, sondern allein der Zufluß sei entscheidend. In diesem Urteilsfall handele es sich jedoch immer um **nicht handelbare Optionen**. Der BFH hat offengelassen, ob für handelbare Optionen demgegenüber etwas anderes gilt.

Dr. Ralf Eckert stimmt in seinem Aufsatz „Besteuerung von Stock Options"[152] der Auffassung des VI. Senats nur teilweise zu. Er sagt, daß es formal zwar richtig sei, daß es nicht auf die Frage ankomme, ob es sich bei einer vom Arbeitgeber gegenüber dem Arbeitnehmer gewährten Stock Option um ein Wirtschaftsgut handle. Doch ist es von Bedeutung, ob es sich bei der Option um ein geldwertes Gut i.S. des § 8 EStG handelt. Denn bevor man den Zufluß eines geldwerten Guts prüfen kann, wird zunächst die Feststellung des Vorliegens eines geldwerten Guts vorausgesetzt. Nach seiner Ansicht sind aber die Begriffe des *geldwerten Vorteils* und *Wirtschaftsgut* in weiten Teilen deckungsgleich. Der Begriff des Wirtschaftsguts, der für die Ermittlung der Gewinneinkünfte maßgeblich ist, wird im Rahmen der Überschußeinkünfte zum Gut in Geld oder Geldeswert. Das ist bezogen auf die Beurteilung der Stock Options identisch mit der Umschreibung des Wirtschaftsguts. Der Begriff des „geldwerten Gut" ist demnach weiter gefaßt als der Begriff des „Wirtschaftsgut". Er umfaßt z.B. auch nicht bilanzierungsfähige Nutzenvorteile.[153]

Die Stock Option kann nicht dadurch, daß es sich lediglich um eine bloße Chance handelt, die Eigenschaft eines geldwerten Gutes verlieren. Juristisch betrachtet ist die Stock Option ein Ankaufsrecht. Der Inhaber der Stock Option erwirbt einen Anspruch gegen einen Stillhalter, von diesem Aktien zu einem festgesetzten Preis zu erwerben. Es ist unumstritten, daß ein Ankaufsrecht oder der Anspruch gegen einen Dritten, eine Lieferung zu verlangen, grundsätzlich

---

[152] Vgl. Dr. Eckert, Ralf, (Besteuerung von Stock Options), DB, 1999, S. 2490.
[153] Vgl. BFH v. 26.10.1987, GrS 2/86, BStBl. II 1988, 348 (352).

ein geldwertes Gut oder Wirtschaftsgut darstellt.[154] Außerdem wird der Stock Option ferner nicht dadurch die Eigenschaft als Wirtschaftsgut genommen, wenn gegenüber dem Empfänger Verfügungsbeschränkungen hinsichtlich der Option bestehen. Deshalb sind auch vertraglich (§ 399 BGB) oder gesetzlich nicht abtretbare Ansprüche oder Rechte gleichwohl Wirtschaftsgüter oder geldwerte Güter.[155]

Bei der Besteuerung im Ausübungszeitpunkt ist nach deutschem Steuerrecht grundsätzlich die Differenz zwischen Optionspreis und Börsenkurs im Zeitpunkt der Ausübung steuerpflichtig. Der Differenzbetrag gilt als geldwerter Vorteil und ist damit lohnsteuerpflichtiger Gehaltsanteil. Bestehen jedoch nach der Ausübung der Option Beschränkungen hinsichtlich der Verfügungsvollmacht (sog. Restricted Options), wird der Besteuerungszeitpunkt bis zum Ablauf der Beschränkungen hinausgeschoben. Eine Ausnahme besteht allerdings für den Fall, daß das wirtschaftliche Eigentum an den Aktien bereits im Zeitpunkt der Ausübung erlangt wurde. Als Indiz für wirtschaftliches Eigentum gelten echter Dividendenanspruch sowie Aktienstimmrechte. Sollten diese beiden Ansprüche vorliegen, gilt weiterhin der Zeitpunkt der Ausübung als Besteuerungszeitpunkt.

5.4 Steuerliche Gestaltungsempfehlungen

5.4.1 Allgemeine Gestaltungsempfehlungen

Es ist unbestritten, daß die konkrete Besteuerungslast stark von dem Zuschnitt des jeweiligen Aktienoptionsprogramms abhängt. Durch die jeweilige Ausgestaltung des Optionsprogramms kann daher auch auf die Besteuerung Einfluß genommen werden. Diese Überlegung folgt dabei der Tatsache, daß der Wertzuwachs von Aktien im Privatvermögen noch (es bestanden Überlegungen, Veräußerungsgewinne aus im Privatvermögen gehaltener Aktien zur Gegenfi-

---

[154] Vgl. Isensee, T., (Mitarbeiteraktienoption - mehr als eine steuerliche Gewinnchance?), DStR, 1999, S. 143.
[155] Vgl. BFH v. 14.12.1988, I R 44/83, BStBl. II 1989, 323 (325).

nanzierung der Einkommensteuerreform der Besteuerung zu unterwerfen)[156] steuerfrei sind, sofern die Frist des § 23 EStG eingehalten wird. Es empfiehlt sich daher aus steuerlicher Sicht die Zuwendung von fungiblen (freihandelbaren) Optionen, deren Basispreis nahezu dem aktuellen Marktpreis der Aktie entspricht. In diesem Fall sollte der der Besteuerung im Rahmen der Einkünfte aus nichtselbständiger Arbeit unterliegende geldwerte Vorteil relativ niedrig sein, da der Wert der Option hauptsächlich aus dem Zeitwert[157] besteht.

5.4.2 Stock Appreciation Rights

Stock Appreciation Rights oder auch virtuelle Optionen geben dem Begünstigten das Recht, bis zu einem bestimmten Zeitpunkt eine Zahlung des Unternehmens in Höhe des dann geltenden Aktienkurses abzüglich eines zuvor vereinbarten, möglicherweise indexierten Basispreises einzufordern.[158] Wie auch bei der Ausgabe von Stock Options kann dieses Recht i.d.R. erst nach Ablauf einer Sperrfrist und bei fortgesetzter Unternehmenszugehörigkeit ausgeübt werden.

Das Unternehmen kann sich aber auch das Recht vorbehalten, anstelle einer Barauszahlung Aktien in entsprechendem Wert auszugeben. Übt bspw. ein Begünstigter bei einem aktuellen Aktienkurs von 20 DM insgesamt 100 virtuelle Optionen mit einem Basispreis von 10 DM aus, kann er entweder eine Zahlung von 1000 DM oder 50 Aktien zu einem Wert von je 20 DM erhalten. Es erfolgt so ein kombinierter Einsatz von virtuellen und echten (Stock Options, Belegschaftsaktien) Eigenkapitalinstrumenten.[159]

---

[156] Vgl. Feddersen, Dieter, (Beteiligung von Führungskräften am AG-Kapital), ZHR 161, 1997, S. 283.

[157] Der Wert einer Option auf Aktien setzt sich zusammen aus dem inneren Wert und dem Zeitwert. Der innere Wert wird bestimmt durch die Differenz zwischen dem aktuellen Börsenkurs der Aktie und dem Basispreis. Der Zeitwert der Option ist hingegen von einer Vielzahl von Faktoren, bspw. der Restlaufzeit der Option, der Volatilität der Aktie, den erwarteten Dividendenerträgen und dem Kapitalmarktzins, abhängig.

[158] Vgl. Bühner, Rolf, (Möglichkeiten der unternehmerischen Gehaltsvereinbarung für das Top-Management), DB, 1989, S. 2181ff.

[159] Vgl. Ellig, Bruce, (Incentive Plans. Over the Long Term), in: Compensation Review, Vol. 16, 1984, S. 39ff.

5.4.3 Steuerliche Förderungsmöglichkeit durch § 19 a EStG

Eine steuerliche Förderung, die der Gesetzgeber der Vermögensbeteiligung von Arbeitnehmern durch § 19 a EStG zuläßt, ist sehr gering. Die Regelung ist nicht einstimmig mit der gesellschaftsrechtlichen Regelung geklärt und erlaubt keine Begünstigung von Pensionären.

Die Steuervergünstigung erfordert den folgenden Tatbestand:[160]

- Ein „gegenwärtiges" Dienstverhältnis zwischen Arbeitnehmer und Arbeitgeber (§ 19 a Abs. 1 EStG).

- Der Arbeitnehmer erhält unentgeltlich oder verbilligt Sachbezüge in Form von Kapitalbeteiligungen oder Darlehensforderungen.

- Der vermögenswerte Vorteil (soweit er steuerfrei bleibt) darf die Hälfte des Wertes der Zuwendung und insgesamt 300 DM im Kalenderjahr nicht übersteigen (§ 19 a Abs. 1 EStG).

- Weitere Voraussetzung ist, daß die Anlage für eine Sperrfrist von sechs Jahren festgelegt wird und über sie nicht durch Rückzahlung, Abtretung, Beleihung oder in anderer Weise verfügt wird.

Die Sperrfrist beginnt am Anfang des Kalenderjahres der Zuwendung (§ 19 a Abs. 2 EStG). Wird vor Ablauf der sechsjährigen Sperrfrist verfügt, ist eine Nachversteuerung durchzuführen, es sei denn, einer der Ausnahmetatbestände des § 19 a Abs. 2 EStG liegt vor. Die Überwachung der Sperrfrist hat zu erfolgen, in dem die Wertpapiere beim Arbeitgeber selbst oder bei einem Kreditinstitut mit Sperrfrist festgelegt werden.

§ 19 a EStG kennt im Gegensatz zum Vermögensbeteiligungsgesetz keine Einkommensgrenzen.

Der Umfang eines möglichen Steuervorteils wird an den folgenden Beispielen deutlich:

---

[160] Vgl. Dr. Peltzer, Martin, [Steuer- und Rechtsfragen], AG, 1996, S. 311.

56

1. *bei unentgeltlicher Überlassung:*

Wert der Beteiligung	steuerfrei	steuerpflichtig
100	50	50
1000	300	700

2. *bei verbilligter Überlassung:*

Beitrag des Arbeitnehmers	Wert der Beteiligung	steuerfrei	steuerpflichtig
400	800	300	100
100	500	250	150
500	1000	300	200

Geht man nun von einem Einkommens- bzw. Lohnsteuersatz von 30 % aus, dann beträgt der maximale Steuervorteil 90 DM pro Jahr.[161] Anhand dieses Beispiels läßt sich jedoch schon erkennen, daß der maximale Steuervorteil, den man erreichen kann, in keiner Relation zum Arbeitsaufwand steht.

[161] Vgl. ebenda.

6 Kritische Anmerkungen zur Besteuerung von Aktienoptionsplänen

6.1 Aktuelle Diskussion – Irrelevanz der steuerlichen Behandlung von Stock Options?

Seit die Einräumung von Aktienoptionsrechten als Entlohnungsinstrument für Führungskräfte immer mehr an Beliebtheit gewinnt, wird auch in der steuerlichen Literatur diskutiert, ob der Wert dieser Rechte im Zuteilungszeitpunkt (Anfangsbesteuerung) oder im Ausübungszeitpunkt (Endbesteuerung) besteuert werden muß.[162] Ferner wurde diskutiert, wie diese Optionen letztendlich gestaltet werden müssen, um die jeweilige Besteuerungsvariante herbeizuführen. Vielfach wird in der Literatur die Besteuerung zum Zeitpunkt der Ausübung als Besteuerungsvariante bevorzugt angewandt.[163]

In dem nun folgenden Beitrag soll erläutert werden, warum der Zeitpunkt der Besteuerung irrelevant ist, sofern die folgenden Voraussetzungen gegeben sind[164]:

- die zugeteilten Optionen müssen am Kapitalmarkt nachgebildet und faktisch gekauft bzw. verkauft werden können.

- der Marktwert der Optionen muß bei der Anfangsbesteuerung die Steuerbemessungsgrundlage bilden.

Anhand eines Beispiels soll nun die Richtigkeit der These, d.h. der Irrelevanz der Besteuerung dargestellt werden.

---

[162] Vgl. Knoll, Leonard, (Stock Options vor den Schranken deutscher Finanzgerichtsbarkeit), DStZ, 1999, S. 242.

[163] Vgl. Portner, Rosemarie/Bödefeld, Axel, (Besteuerung von Arbeitnehmer-Aktien-Optionen), DStR, 1995, S. 629 und 632; Aha, Christof, (Ausgewählte Gestaltungsmöglichkeiten bei Aktienoptionsplänen), BB, 1997, S. 2225.

[164] Vgl. Jasper, Thomas/Wangler, Clemens, (Irrelevanz der steuerlichen Behandlung von Stock Options beim Begünstigten), Finanz Betrieb, 1999, S. 113ff.

Es wird angenommen, daß der Vorstand einer Aktiengesellschaft im Zeitpunkt t_0 die Option erhalte, im 4. Jahr (t_4) Aktien seiner Aktiengesellschaft zu erwerben.

Zur besseren Darstellung werden nun drei Umweltzustände als denkbar betrachtet:

Szenario 1: Der Aktienkurs entwickelt sich sehr positiv und die Option hat bei Ausübung einen inneren Wert von 200.000 DM.

Szenario 2: Der Aktienkurs entwickelt sich mittelmäßig und die Option hat bei Ausübung einen inneren Wert von 100.000 DM.

Szenario 3: Der Aktienkurs entwickelt sich negativ und die Option ist wertlos und wird nicht ausgeübt.

Der nach der Black-Scholes Formel[165] ermittelte Marktwert dieser Option betrage 80.000 DM.

6.1.1 Anfangs- und Endbesteuerung

1. Anfangsbesteuerung:

Der Begünstigte hat den Marktwert der Option in Höhe von 80.000 DM zu versteuern, falls die **Anfangsbesteuerung** herangezogen wird. Der unterstellte Steuersatz ist 50%, d.h. die Steuerlast beträgt zusätzlich 40.000 DM bei Zuteilung.

Im 4. Jahr, d.h. im Zeitpunkt der Ausübung ist der bei positiver Entwicklung realisierbare Zufluß beim Begünstigten steuerfrei.

Tab. 1: Zahlungsströme bei Anfangsbesteuerung

	Steuer in t_0	Nettovorteil in t_4
Szenario 1	40.000 DM	200.000 DM
Szenario 2	40.000 DM	100.000 DM
Szenario 3	40.000 DM	0 DM

---

[165] Siehe Anhang B.

Anhand dieser Tabelle kann man erkennen, daß es auch dann zu einer Besteuerung kommt, wenn eine Zusatzvergütung später nicht realisiert werden kann, da
die Option nicht ausgeübt wird. Ist die Option im Ausübungszeitraum wertlos,
dann erfolgt keine Erstattung der entrichteten Einkommensteuer.

2. Endbesteuerung:

Im Fall der Besteuerung **im Zeitpunkt der Ausübung** des Optionsrechts, d.h.
im 4. Jahr hat der Begünstigte dann tatsächlich den realisierten Vorteil zu versteuern. Bei Zuteilung der Option ist in diesem Fall keine Steuer zu entrichten.
Der Einkommensteuersatz beträgt wieder 50%.

Tab. 2: Zahlungsströme bei Endbesteuerung

	Bruttovorteil in t_4	Steuer in t_4	Nettovorteil in t_4
Szenario 1	200.000 DM	100.000 DM	100.000 DM
Szenario 2	100.000 DM	50.000 DM	50.000 DM
Szenario 3	0 DM	0 DM	0 DM

Vergleicht man die Zahlungsströme bei Anfangs- und Endbesteuerung wird
deutlich, daß die Steuerzahlung bei Zuteilung im Fall der Anfangsbesteuerung
faktisch den zusätzlichen Erwerb von Optionen durch den Begünstigten beinhaltet. Der Begünstigte erwirbt durch die Steuerzahlung bei Zuteilung im Vergleich zur Endbesteuerung zusätzliche Optionen zu ihrem Marktwert. In diesem
Beispiel werden für 40.000 DM 50% des unterstellten Optionsprogramms mit
einem Marktwert von 80.000 DM erworben.

Die These soll nun anhand einer weiteren Annahme verstärkt werden. Es wird
von einem vollkommenen und vollständigen Kapitalmarkt ohne Transaktionskosten ausgegangen, so daß man sagen kann, daß die dem Management zuge-
teilte Option am Kapitalmarkt nachgebildet werden kann.

Ferner wird unterstellt, daß der Begünstigte der **Anfangsbesteuerung** unterliegt. Er könnte nun seine Steuerzahlungen von 40.000 DM durch den Verkauf
der Hälfte seiner Optionen am Kapitalmarkt zum Marktwert finanzieren. Falls
der Verkauf jedoch nicht möglich ist, da bestimmte Optionsbedingungen zu er-

füllen sind, kann der Begünstigte aber seinen Verkauf durch entsprechende Kapitalmarkttransaktionen nachbilden. Es kommt zu keiner Erfassung eines Gewinns nach § 23 EStG, da der volle ökonomische Vorteil in Höhe des Marktwerts der Option schon als Arbeitslohn besteuert wurde. Die Einräumung der Option ist nämlich bei wirtschaftlicher Betrachtungsweise Arbeitsentgelt. Der Leistungsaustausch begründet somit einen Anschaffungsvorgang. Die Anschaffungskosten der Optionen sind der zu versteuernde geldwerte Vorteil. Die Steuerzahlung und der Veräußerungspreis gleichen sich im Zeitpunkt t_0 aus, d.h. es kommt zu einer Nettozahlung von Null. Im 4. Jahr können nur noch die verbliebenen Optionen ausgeübt werden, aber es erfolgen keine Steuerzahlungen mehr, da dies bereits am Anfang erfolgte.

Tab. 3: Zahlungsströme bei Anfangsbesteuerung und Finanzierung der Steuerzahlung durch teilweisen Verkauf der Optionen

	Bruttovorteil in t_4	Steuer in t_4	Nettovorteil in t_4
Szenario 1	100.000 DM	0 DM	100.000 DM
Szenario 2	50.000 DM	0 DM	50.000 DM
Szenario 3	0 DM	0 DM	0 DM

Vergleicht man nun Tab. 2 und Tab. 3 wird man feststellen, daß jedes Szenario dieselben Zahlungsüberschüsse im Bezugszeitpunkt und im Ausübungszeitpunkt vorliegen hat.

⇒ **Der Begünstigte hat einfach die Anfangsbesteuerung in die Endbesteuerung transformiert.**

Als nächstes soll jetzt ein Begünstigter betrachtet werden, der der **Endbesteuerung** unterliegt. Er kann nun am Kapitalmarkt weitere Optionen im Wert von 40.000 DM hinzu erwerben und im Ausübungszeitpunkt sowohl die von der AG erhaltenen Aktienoptionen als auch die über die Börse zusätzlich gekauften Optionen ausüben.

Aus dem Verkauf der als Stock Options von der AG erhaltenen Optionen ergeben sich die folgenden Zahlungsströme:

Tab. 4a: Zahlungsströme bei Endbesteuerung der Stock Options

	Bruttovorteil in t_4	Steuer in t_4	Nettovorteil in t_4
Szenario 1	200.000 DM	100.000 DM	100.000 DM
Szenario 2	100.000 DM	50.000 DM	50.000 DM
Szenario 3	0 DM	0 DM	0 DM

Aus dem Verkauf der über die Börse hinzuerworbenen Optionen ergeben sich folgende Zahlungsströme (es kommt aber außerhalb der Zeitgrenze des § 23 EStG zu keiner weiteren Besteuerung):

Tab. 4b: Zahlungsströme bei Verkauf der hinzuerworbenen Optionen

	Bruttovorteil in t_4	Steuer in t_4	Nettovorteil in t_4
Szenario 1	100.000 DM	0 DM	100.000 DM
Szenario 2	50.000 DM	0 DM	50.000 DM
Szenario 3	0 DM	0 DM	0 DM

Als Zusammenfassung der Tabellen 4a und 4b ergeben sich die folgenden Zahlungsströme (inkl. dem durch den Hinzuerwerb ausgelösten Kaufpreis):

Tab. 4c: Zahlungsströme bei Endbesteuerung und Hinzuerwerb weiterer Optionen durch den Begünstigten

	Steuer in t_0	Nettovorteil in t_4
Szenario 1	40.000 DM	200.000 DM
Szenario 2	40.000 DM	100.000 DM
Szenario 3	40.000 DM	0 DM

Als Ergebnis des Vergleichs zwischen Tab. 1 und Tab. 4c ergibt sich, daß der Begünstigte auch hier in jedem Szenario dieselben Zahlungsüberschüsse vorliegen hat.

⇒ **Der Begünstigte hat die Endbesteuerung in eine Anfangsbesteuerung transformiert.**

6.1.2. Fazit

Fast man die beiden Ergebnisse zusammen, dann stellt man fest, daß der Zeitpunkt der Besteuerung tatsächlich irrelevant ist. Für den Begünstigten ist Anfangsbesteuerung genauso interessant wie die Endbesteuerung. Als Voraussetzungen für die Richtigkeit dieses Beispiels müssen jedoch die am Anfang erwähnten Faktoren gegeben sein.[166]

6.2 Vorteile, Gefahren und Risiken der Einräumung von Optionsrechten

Aktienbezugsrechte für Manager haben jedoch nicht nur Vorteile wie in der allgemeinen Literatur oft dargestellt, sondern es verbergen sich auch einige Gefahren. Auf beides wird im folgenden Abschnitt eingegangen.[167]

Ein großer Vorteil, wenn nicht der größte, ist natürlich die immerwieder angesprochene Idee der Leistungsmotivation des Managements. Dadurch, daß die Vergütung des Managements an die (gewünschte positive) Entwicklung des Aktionärsvermögens gekoppelt wird, erhält das Management einen Anreiz, den eigenen Arbeitseinsatz zu steigern.

Der Leistungsanreiz wird außerdem erhöht, wenn die erhaltenen Aktien nicht unmittelbar am Kassamarkt abgegeben werden können, sondern in einem längerfristigen Rahmen gehalten werden müssen. Nur durch eine zeitlich befristete Sperrung der erhaltenen Aktien haftet das Management tatsächlich für die getroffenen Entscheidungen und nur so fallen schließlich unvorteilhafte Entscheidungen auf die Vermögensposition des Managements zurück. Man möchte, daß das Management eine eigene Vermögensposition im Unternehmen aufbaut, so daß sich positive und negative Aktienkursentwicklungen auf das private Vermögen des Managements auswirken.

---

[166] Vgl. zum gesamten Abschnitt: Jasper, Thomas/Wangler, Clemens, (Irrelevanz der steuerlichen Behandlung von Stock Options beim Begünstigten), Finanz Betrieb, 1999, S. 113ff.

[167] Vgl. Copeland/Weston, Financial Theory and Corporate Policy, 3. Auflage, 1988, S. 667.

Ferner ist zu erwähnen, daß, falls das Management eine übervorsichtige Investitionspolitik verfolgt, durch Aktienoptionsrechte Anreize für das Eingehen einer riskanteren Investitionspolitik geschaffen werden können, da das Management aufgrund der Aktienoption stärker von den Ergebnissen dieser Politik profitiert. Denn mit der Zunahme riskanter Investitionen steigt die Volatilität des Unternehmenswertes und damit auch der Wert der Aktienoptionsrechte des Managements. So kann man das Unterinvestitionsproblem verringern, das sich in Form von zu wenig risikobehafteten Investitionen seitens des Managements erkennen läßt.[168]

Als ein weiterer Punkt wäre zu erwähnen, daß Aktienoptionspläne bei entsprechender Gestaltung steuerliche Vorteile gegenüber Festgehältern bringen können, da die realisierten Ausübungsgewinne aus der Aktienoption u.U. steuerfrei bleiben können.[169] Abschließend ist noch aufzuführen, daß der Kapitalmarkt die Einführung eines Aktienoptionsprogramms als ein Signal für zu erwartende Aktienkurssteigerungen interpretieren kann. Hintergrund dieser Argumentation ist der Gedanke, daß das Management, das der Einführung des Programmes zustimmt, dies nur dann tun wird, wenn es mit positiven Kursentwicklungen rechnet. Und da das Management über interne Unternehmensinformationen verfügt, hält der Kapitalmarkt dieses Signal für sehr glaubwürdig.[170]

Es wurden zunächst die wichtigsten Vorteile von Aktienoptionsrechten erläutert, nun wird auf die Nachteile[171] eingegangen.

In der Regel führen Aktienoptionsrechte dazu, daß das Management noch das zusätzliche unsystematische Risiko des Unternehmens zu tragen hat, d.h. zum Risiko des Arbeitsplatzverlustes kann nun außerdem noch das mit dem Handeln der Aktien verbundene finanzielle Risiko hinzukommen. Wenn es sich aber um eine Aktienoption handelt, die nicht mit einer Kürzung des Festgehalts verbun-

---

[168] Vgl. Dr. Menichetti, Marco J., (Aktienoptionsprogramme für das Top-Management), DB, 1996, S. 1689.

[169] Vgl. Dr. Peltzer, Martin, [Steuer- und Rechtsfragen], AG, 1996, S. 311.

[170] Vgl. Dr. Menichetti, Marco J., (Aktienoptionsprogramme für das Top-Management), DB, 1996, S. 1690.

[171] Es wird auch hier nur auf die wesentlichen Nachteile bei der Einräumung von Optionsrechten eingegangen.

den ist, so entsteht keine finanzielle Verschlechterung für das Management mit der Einführung eines Aktienoptionsplans. Kommt es jedoch zu einer Kürzung des Festgehalts, dann erhöht sich die Risikoposition des Managements, denn der einzelne Manager kann nicht, im Gegensatz zu den Aktionären, dieses Risiko diversifizieren.

Ein weiterer wichtiger Aspekt ist außerdem die Annahme, daß ohne begleitende Regelung das Management bestrebt sein könnte, über verschiedene Maßnahmen, wie z.b. Analysten-Gespräche, den Aktienkurs kräftig nach oben zu drükken und noch vor der unvermeidlichen Kursbereinigung das Optionsrecht ausüben und die bezogenen Aktien anschließend zum erhöhten Preis verkaufen könnten.

Als letzter Punkt ist noch zu erwähnen, daß niedrige Dividendenzahlungen eine höhere Thesaurierung zur Folge haben, was sich positiv auf den Börsenkurs auswirkt. Das Management wird demnach versuchen, die Dividendenzahlungen möglichst niedrig zu halten. Für den Aktionär entsteht nun jetzt neben den höheren Vergütungsforderungen des Managements ein weiterer Kostenpunkt, die tendenziell niedrigeren Dividenden.[172]

Obwohl hier doch nun einige Nachteile aufgeführt worden sind, haben Studien in den USA ergeben, daß mit der Einführung von Aktienoptionsplänen positive abnormale Unternehmensrenditen erzielt wurden.[173] Man geht also davon aus, daß die Vorteile dieser Pläne die zusätzlich entstehenden Kosten überwiegen. In den USA haben sich allerdings auch bestimmte „Spielregeln"[174] entwickelt, wozu u.a. eine sehr klare und offene Informationspolitik der Unternehmen gegenüber den Aktionären zählt. In den Geschäftsberichten wird deshalb z.B. auch über Anzahl und Art der noch ausstehenden Aktienoptionsrechte sowie über die Anzahl der durch das Management gehaltenen Aktien berichtet.[175]

---

[172] Vgl. Dr. Menichetti, Marco J., (Aktienoptionsprogramme für das Top-Management), DB, 1996, S. 1690.

[173] Vgl. Murphy, J., Journal of Accounting and Economics, 1985, S. 11.

[174] Vgl. Dr. Menichetti, Marco J., (Aktienoptionsprogramme für das Top-Management), DB, 1996, S. 1689.

[175] Vgl. ebenda.

6.3 Pro und Kontra – Stock Options aus steuerlicher Sicht

In der Literatur wird viel über die Akzeptanz von Stock Optionsplänen diskutiert. Nicht zuletzt ist der Besteuerungszeitpunkt der ausschlaggebende Grund, der Rechtsprechung, Verwaltung und andere Meinungen zu kontroversen Stellungnahmen führen läßt. Im folgenden Abschnitt werden die Argumente der traditionellen Auffassung bzgl. des Zuflußzeitpunkts und der betragsmäßigen Bestimmung des Arbeitslohns auf den Prüfstand gestellt.

Zunächst wird auf das BFH-Urteil vom 10.03.1972, das im Rahmen dieser Arbeit schon mehrfach erwähnt wurde, eingegangen. Der BFH vertritt die Auffassung, daß die Einräumung eines Optionsrechts für den Berechtigten noch zu keiner Einnahme führe. Es sei lediglich eine Chance zu einem preisgünstigen Vermögenserwerb. Der Zufluß und somit die Einnahme erfolge erst dann, wenn der Berechtigte die Option ausübt. Außerdem könne man ja im Zeitpunkt der Einräumung noch nicht mit Sicherheit wissen, ob die Option jemals ausgeübt wird. Weiterhin räumt der BFH ein, „daß der Steuerpflichtige ... über dieses Recht ... nicht wie über ein ihm sonst gehöriges Wirtschaftsgut verfügen"[176] kann. So stellt der BFH zum einen auf die Ungewißheit der Ausübung und zum anderen auf die eingeschränkte oder fehlende Verfügungsmöglichkeit ab.[177] Ein weiteres Urteil vom BFH im Jahre 1985[178], das jedoch nicht veröffentlicht wurde, bestätigt zum großen Teil die Argumentation des Urteils aus dem Jahre 1972. Im betreffenden Fall geht es um ein Grundstück, doch auch hier entscheidet sich der BFH für die These, daß bei Einräumung eines Optionsrechts (auch wenn es sich um ein Grundstück handelt) kein geldwerter Vorteil entstanden ist. Maßgeblich für diese Beurteilung war, daß für Optionsrechte „Momente der Ungewißheit ihrer Ausübung" bestünden.

Ein Urteil des FG Köln aus dem Jahr 1998[179] schließt sich der beiden vorherigen Urteile an. Nach deren Auffassung stelle das Optionsrecht, das nicht übertragbar und somit nicht verkehrsfähig sei, eine bloße Chance dar. Der Begün-

[176] Vgl. BFH v. 10.3.1972, VI R 278/68, BStBl. II 1972, 597.
[177] Vgl. Neyer, Wolfgang, [Zuflußzeitpunkt], DStR, 1999, S. 1637.
[178] Vgl. BFH v. 26.07.1985, VI R 200/81, BFH/NV 1986, 306.
[179] Vgl. FG Köln v. 9.9.1998, 11 K 5153/97, EFG 1998, S. 1634.

stigte könne bei Optionsausübung die Aktien zu einem unter dem Marktwert liegenden Preis erwerben. Erst bei der Ausübung werde der Vermögensvorteil konkretisiert und realisiert. Dementsprechend komme es auch erst bei Ausübung des Optionsrechts zum Zufluß des Vermögensvorteils. Das Urteil schließt die im Schrifttum vorgebrachten Gegenargumente zwar in seine Überlegungen mit ein, weißt die Ansichten jedoch mit der Begründung ab, daß der Wert eines im Rahmen einer individuellen Zusage gewährten Optionsrechts sich nur schwer feststellen lassen dürfte, die Lohnsteuerabzugspflicht aber klare Vorgaben benötige. Man kann hier erkennen, daß der Aspekt der zuverlässigen rechnerischen Ermittelbarkeit des zu versteuernden Arbeitslohns im Vordergrund steht. Neyer[180] stimmt in seinem Artikel über den Zuflußzeitpunkt des Arbeitslohns bei Arbeitnehmer-Aktienoptionen diesem Ergebnis zu. Es sei für den Begünstigten bspw. ein Nachteil, wenn er die steuerlichen Lasten bereits im Zeitpunkt der Einräumung zu tragen hätte, da ihm die Möglichkeit zur Kommerzialisierung des Optionsrechts aufgrund von Haltefristen und Übertragungsbeschränkungen nicht gewährt werde. Das FG Köln sieht also als wesentliche Gesichtspunkte die Aspekte der Marktgängigkeit, der rechnerischen Ermittelbarkeit und der Liquidität des Begünstigten an.

Ein weiteres Urteil des FG München vom 11.1.1999[181] schließt sich auch der traditionellen Auffassung an. In der Begründung heißt es u.a., daß „die Einräumung eines Anspruchs ... auf Aktien zu einem bestimmten Preis noch nicht die Erfüllung des Anspruchs und damit ebensowenig einen Zufluß bewirkt wie andere noch nicht erfüllte Ansprüche aus einem Dienstverhältnis."

Die OFD München hingegen sagt, daß Optionen schon bei Einräumung besteuert werden können, wenn sie verkehrsfähige Wirtschaftsgüter darstellen. Ansonsten soll die Besteuerung auch erst bei Ausübung erfolgen. Eine Option ist nach deren Ansicht dann *verkehrsfähig*, wenn sie handelbar ist und keiner Verfügungsbeschränkung unterliegt, d.h. ohne Einschränkung an Dritte veräußerbar. Ist sie jedoch nicht uneingeschränkt veräußerbar, dann stellt sie nur eine

---

[180]   Vgl. Neyer, Wolfgang, [Zuflußzeitpunkt], DStR, 1999, S. 1637.

[181]   Vgl. FG München v. 11.01.1999, 8 V 3484/98, NZB eingelegt, Az. BFH: VI B 63/99.

Gewinnchance dar und eine objektive Bereicherung ist dann nicht gegeben, da ein wirtschaftlicher Wert nicht vorliegt.

7 Der Stellenwert von Aktienoptionsplänen im Unternehmen

7.1 Die Einführung von Aktienoptionsprogrammen – Beispiele aus der Praxis

Das Unternehmen TelDaFax bietet als privater, konzernunabhängiger Verbindungsnetzbetreiber seit dem 1. Januar 1998 mittels eines von der Deutsche Telekom AG angemieteten Netzes von Standleitungen bundesweit Telefon-, Daten- und Fax-Transferdienste an. Ende Mai 1998 waren ca. 9.700 Kunden vertraglich mit TelDaFax verbunden. Im Mai 1998 vermittelte TelDaFax durchschnittlich ungefähr 2,2 Mio. Gesprächsminuten pro Werktag.[182]

Im Rahmen einer Kapitalerhöhung wurden den Mitarbeitern der Gesellschaft und insgesamt 240 ausgewählten Handelsvertretern des Direktvertriebs der TelDaFax bei Zeichnung bevorrechtigt jeweils bis zu Stück 500 Aktien zugeteilt. Ferner wurden einem derzeitigen und einem zukünftigen Vorstandsmitglied der Gesellschaft, die beide nicht zum Kreis der Altaktionäre gehören durften, bei Zeichnung bis zu Stück 20.000 Aktien zugeteilt. Bedingung war jedoch, daß sich der jeweilige Mitarbeiter, Handelsvertreter bzw. das Vorstandsmitglied in speziell für diese zur Verfügung gestellten Zeichnungsaufträgen verpflichteten, die gezeichneten Aktien nicht vor Ablauf von drei Monaten nach erstmaliger Notierung der Aktien zu veräußern. Zu diesem Zweck wurden alle gezeichneten Aktien einem Sperrdepot gutgeschrieben.[183]

Ein anderes, aber immerwieder gern zitiertes Beispiel ist der Fall der Daimler Benz AG, die eine der ersten Unternehmen waren, die Aktienoptionsprogramme eingeführt haben. Hier hat der Vorstand aufgrund der Ermächtigung der Hauptversammlung 1996 eine Wandelanleihe von über 40 Mio. DM mit marktübli-

---

[182] Vgl. TelDaFax Aktiengesellschaft: Verkaufsprospekt/Unternehmensbericht vom 29. Juni 1999, Marburg, S. 4.

[183] Vgl. TelDaFax Aktiengesellschaft: Verkaufsprospekt/Unternehmensbericht vom 29. Juni 1999, Marburg, S. 5ff.

cher Verzinsung von 5,9% begeben.[184] Die Deutsche Bank AG hat diese Anleihen übernommen und den Mitgliedern des Konzernvorstands, den Vorständen der Unternehmensbereiche sowie leitenden Angestellten in unterschiedlichen Umfang (Konzernvorstände DM 100.000, Vorstände der Unternehmensbereiche DM 60.000, Mitglieder des Direktoriums DM 40.000) zum Erwerb angeboten. Insgesamt haben dann 63% (von 178) der Berechtigten das Angebot angenommen und von den 8 Mio. Wandelrechten 4.445.000 Stück, d.h. 55% der Wandelanleihen erworben. Die Teilschuldverschreibungen waren nicht übertragbar, gehen aber im Todesfall auf die Erben über. Jede Schuldverschreibung von nominell DM 1.000 berechtigte zur Wandlung in Aktien der Daimler Benz AG mit entsprechendem Nennbetrag, d.h. zur Wandlung in 200 Aktien. Die Ausübung des Wandlungsrechts wurde auf 10 Jahre befristet. Die Ausübung kann nur innerhalb von vier Zeiträumen von jeweils drei Wochen erfolgen. Diese sog. „Zeitfenster" beginnen nach der Bilanzpressekonferenz, der ordentlichen Hauptversammlung und nach der Veröffentlichung der Zwischenberichte über die ersten sechs bzw. neun Monate des laufenden Geschäftsjahres. Wollte man das Wandlungsrecht in Anspruch nehmen, dann mußte ein Wandlungspreis von DM 83,77 je Aktie im Nennbetrag von DM 5,- entrichten. Dies entsprach dem Börsenkurs der Daimler Benz-Aktie an dem auf die Hauptversammlung 1996 folgenden Börsentag. Das Wandlungsrecht konnte aber erst ausgeübt werden, wenn der Börsenkurs der Daimler Benz-Aktie mindestens 15% über dem Wandlungspreis lag. Die Ausübung des Wandlungsrechts setzte außerdem voraus, daß der Berechtigte in einem ungekündigten Anstellungsverhältnis mit einem Unternehmen des Daimler Benz-Konzerns stand. Mit der Kündigung oder einer einvernehmlichen Beendigung des Anstellungsverhältnisses wäre auch das Wandlungsrecht erloschen. Im Falle eines plötzlichen Todes des Berechtigten während des bestehenden Angestelltenverhältnisses, im Fall seiner Pensionierung oder Ausscheiden seines Beschäftigungsunternehmens aus dem Konzern der Daimler Benz-AG, so würde das Wandlungsrecht nicht sofort, sondern erst ein Jahr nach Eintritt des Ereignisses erlöschen. Die Ausübung des Wandlungsrechts ist ferner an keine weiteren Voraussetzungen gebunden. Es ist

---

[184] Vgl. Kohler, Klaus, (Beteiligung von Führungskräften am AG-Kapital), ZHR 161, 1997, S. 252.

keine Wartezeit für die Ausübung vorgesehen, so daß nach Erreichen der
Kurshürde im Rahmen der jeweiligen Ausübungszeiträume ohne weiteres
gewandelt werden kann. Außerdem müssen die aus der Wandlung bezogenen
Aktien anschließend nicht für einen bestimmten Zeitraum gehalten werden,
sondern können sofort veräußert werden.[185]

Die folgende Abbildung zeigt nun in welchen unterschiedlichen Formen Stock-
Options-Programme in deutschen Unternehmen gestaltet werden:

---

[185] Vgl. Kohler, Klaus, (Beteiligung von Führungskräften am AG-Kapital), ZHR 161, 1997,
S. 253.

Abb.1: Merkmale ausgewählter deutscher Stock-Options-Programme 1996 und 1997

Programm/ Merkmal	Deutsche Bank 1996	Daimler-Benz 1996	Daimler-Benz 1997	Volkswagen 1997	Henkel 1997
Anleihebasis OA=Optionsanleihe WA=Wandelanleihe	OA	WA	WA	WA	OA
Max. Laufzeit	10 Jahre	10 Jahre	10 Jahre	5 Jahre	5 Jahre
Verzinsung der Anleihe	Marktgerecht	Bundesanleihe ./. 0,5%	Bundesanleihe ./. 0,5%	zinslos	Marktkonform
Bedingtes Kapital in DM	40 Mio.	40 Mio.	110 Mio.	135 Mio.	10 Mio.
Begünstigtenkreis (Anteil Vorstand)	Vorstand, Führungskräfte	Vorstand, Direktoren	Vorstand, Führungskräfte bis zur zweiten Ebene	Vorstand und Top-Management (zusammen 14%), Management, tarifliche Mitarbeiter der AG	Geschäftsführung, pers. haft. Gesellschafter, Konzernführung, Geschäftsführung verbundener Unternehmen
(Max.) Bezugsverhältnis a) Nennwert b) Marktwert	a) 1:1 b) 1:14,4	a) 1:1 b) 1:16,8	a) 1:1 b) 1:26,4	a) 1:10 b) 1:250,1	a) 1:1 b) 1:1,5
(Min.) Bezugspreis	Börsenkurs bei Begebungsbeschluß durch Vorstand	Börsenkurs am Tag nach der Hauptversammlung des Emmissionsjahres der WA	Börsenkurs am Tag nach der Hauptversammlung des Emmissionsjahres der WA	Börsenkurs bei Begebungsbeschluß durch Vorstand	Börsenkurs bei Einlösung ./. Performance-Abschlag
Ausübungssperren	10% Mindeststeigerung	15% Mindeststeigerung; Wandelperioden	2 Jahre; 15% Mindeststeigerung; Wandelperioden	2 Jahre; 10% Mindeststeigerung	3 Jahre; max. 15% der jährlichen Grundvergütung
Indexierung	Nein	Nein	Nein	Nein	Ja
Verrechnung mit sonstigen Bezügen	Nein	Nein	Nein	Nein	?
Besondere Teilnahmebedingung	Nein	Nein	Nein	Erwerb von „Zeitwertpapieren"	Nein
Gesamturteil Spektrum: —/-/0/+/++	-	—	—	—	+

Quelle: Knoll, Leonard, (Aktienoptionsprogramme im Vergleich), Personalwirtschaft, 1997.

7.2 Ein Blick nach Großbritannien

Der nun folgende Abschnitt beschäftigt sich mit der Situation von Stock Option Modellen in Großbritannien und erläutert, wie diese Modelle gestaltet und schließlich besteuert werden.

In Europa hat sich bei der Vergütung des Top-Management sehr früh und weitgehend Großbritannien den amerikanischen Gepflogenheiten angenähert, nicht zuletzt wegen des relativ hohen und unkomplizierten wechselseitigen Austauschs von Führungspersonal in den Unternehmen und dem damit verbundenen Wettbewerb um solche Führungskräfte. Wie in den USA hat auch in Großbritannien ursprünglich die unterschiedliche steuerliche Behandlung von Löhnen und Gehältern einerseits und Anteilswertzuwächsen (Capital Gains) andererseits die Ausgabe und Gestaltung von Aktienoptionen an Manager entscheidend geprägt. Die damit verbundenen, zum Teil extrem hohen Vergütungszuwächse, die nicht selten mit Kostensenkungsprogrammen, Entlassungen und Lohnkürzungen in den betreffenden Unternehmen einhergingen und so die „Verdienstschere" zwischen Top-Management und den übrigen Beschäftigten immer weiter öffnete, zogen harsche öffentliche Kritik auf sich. Diese Kritik an den herkömmlich strukturierten Aktienoptionsplänen haben dazu geführt, daß inzwischen in einer Vielzahl von Unternehmen diese Aktienoptionspläne ersetzt oder zumindest für die Zukunft ergänzt wurden durch andere Langfristvergütungspläne (long-term incentive plans). Hier lassen sich zwei Typen unterscheiden: Performance based plans und equity partnership plans.

Bei den performance based plans erhält der Begünstigte entweder eine Barzahlung oder Aktien, wenn bestimmte vorher festgelegte Performance-Ziele erreicht sind. Im anderen Fall hat der Begünstigte einige Mittel, häufig einen Teil seines jährlichen Bonus aufzuwenden, um Aktien zu erwerben. Sind die Performance-Ziele erreicht und ist eine bestimmte Frist abgelaufen, dann wird der Anteil durch unentgeltliche Zusatzaktien aufgebessert. Beide Formen können auch miteinander kombiniert werden.[186]

---

[186] Vgl. Kohler, Klaus, (Beteiligung von Führungskräften am AG-Kapital), ZHR 161, 1997, S. 249.

In Großbritannien unterscheidet man zwischen drei Arten von Stock Options Modellen:[187]

- „anerkannte" Optionspläne
- „nicht anerkannte" Optionspläne
- Mitarbeitersparmodelle

Bei den „anerkannten" Optionsplänen erfolgt eine Besteuerung weder im Zeitpunkt der Einräumung noch im Zeitpunkt der Ausübung. Die Besteuerung erfolgt erst bei Veräußerung der Aktien und wird nicht als Arbeitslohn besteuert. Die Ausübungssperre beträgt 3 Jahre für die Capital Gains. Die Obergrenze für Optionen liegt bei £ 30.000. Ferner müssen 3 Jahre zwischen 2 Optionsausübungszeiträumen liegen.

Die Besteuerung von „nicht anerkannten" Optionsplänen (Non-approved Plans) erfolgt grundsätzlich als Arbeitslohn im Zeitpunkt der Ausübung; eine Besteuerung im Zeitpunkt der Einräumung jedoch dann, falls die Option verbilligt erworben wird, der Optionsausübungszeitraum 10 Jahre übersteigt und eine nachträgliche Besteuerung erfolgt bei Ausübung unter Anrechnung der bei Einräumung gezahlten Steuern.

Die Bemessungsgrundlage bei Ausübung des Optionsrechts ist der Wert der Aktien abzüglich dem Bezugspreis und ggf. Kosten des Optionserwerbs. Der Steuersatz kann bis zu 40% betragen. Der Gewinn aus der Veräußerung von Aktien als „Capital Gains" wird mit genau 40% besteuert. Der Freibetrag bei Capital Gains für die Jahre 1999/2000 beträgt £ 7.100.[188]

---

[187] Vgl. Reinholz, Jürgen, Vortrag zum Thema: „Besteuerung von Stock Options in ausgewählten Ländern", Seminar, Management Circle, Frankfurt, 13./14. Dezember 1999, S. 40.

[188] Vgl. Reinholz, Jürgen, Vortrag zum Thema: „Besteuerung von Stock Options in ausgewählten Ländern", Seminar, Management Circle, Frankfurt, 13./14. Dezember 1999, S. 44.

Beispiel:[189]

Einem Mitarbeiter wird am 01.01.1999 ein Optionsrecht auf 50 Aktien eingeräumt. Der Ausübungszeitraum beträgt 3 Jahre. Angebotspreis und Marktpreis
sind im Einräumungszeitraum identisch: £ 70.

Der Mitarbeiter übt seine Option am 01.01.2001 zu £ 90 pro Aktie aus.

Am 01.01.2002 verkauft er die Aktien.

Steuerliche Betrachtung:

Marktpreis am Tag der Ausübung	£ 4.500
abzüglich:	
Optionspreis (50 Aktien x £ 70)	£ 3.500
Gewinn	**£ 1.000**
Versteuerung von 40% zum 01.01.2001	£ 400
Verkaufspreis zum 01.01.2001	£ 6.000
abzüglich:	
Marktpreis am Tag der Ausübung	£ 4.500
Gewinn	**£ 1.500**

Fazit:

Es erfolgt in diesem Fall keine Capital Gain-Besteuerung, da der Gewinn unterhalb des Freibetrags vom £ 7.100 liegt.

Und schließlich werden Mitarbeitersparmodelle in Betracht gezogen. Bei ihnen
gibt es Sparraten, die £ 5 und bis zu max. £ 250 pro Monat hoch sein können.
Die Laufzeit geht von 36 über 60, aber max. bis zu 84 Monaten. Ein maximaler

---

[189] Vgl. Reinholz, Jürgen, Vortrag zum Thema: „Besteuerung von Stock Options in ausgewählten Ländern", Seminar, Management Circle, Frankfurt, 13./14. Dezember 1999,
S. 47.

Nachlaß von 20% pro Aktie kann erreicht werden und die Besteuerung beim Verkauf läuft auch als Capital Gain.[190]

---

[190]   Vgl. Reinholz, Jürgen, Vortrag zum Thema: „Besteuerung von Stock Options in ausge-wählten Ländern", Seminar, Management Circle, Frankfurt, 13./14. Dezember 1999, S. 41.

8 Fazit

Die Schwerpunkte in der nun abgeschlossenen Diplomarbeit lagen in der handels- und steuerrechtlichen Behandlung von Aktienoptionsplänen, die sich als eine Form von Mitarbeiterbeteiligungsprogrammen nach Einführung des KonTraG nun immer mehr auch in deutschen Unternehmen durchsetzen. Die USA und Großbritannien sind Vorreiter in Sachen Optionsrechte.

Zuerst wurden in dieser Diplomarbeit die grundlegenden Motive für die Einführung von Mitarbeiterbeteiligungsprogrammen und im speziellen Fall „Stock Options-Programme" dargestellt. Hierbei spielen das Principal Agent-Problem und Mitarbeitermotivationsgedanken eine entscheidende Rolle. Es wird versucht, dem ständig vorhandenen Konflikt zwischen Aktionär und Management ein wenig entgegen zu wirken.

Auch wurde der Shareholder Value-Ansatz kurz angesprochen. Der Kerngedanke dieses Ansatzes ist eine wertorientierte Unternehmensführung, d.h. Führungskräfte und Mitarbeiter werden angehalten, den Marktwert des Unternehmens langfristig zu maximieren, um so den Wünschen der Anteilseigner entgegen zu kommen. Werden Mitarbeiter somit im Rahmen von Stock Options-Programmen am Unternehmen beteiligt, so werden sie dieser Aufforderung gerne nachkommen, da sie jetzt auch direkt am Erfolg des Unternehmens beteiligt sind.

Die handelsrechtliche Bilanzierung von Stock Options ist in Deutschland bislang nicht gesetzlich geregelt. Nach US-GAAP wird die Option bei ihrer Einräumung bilanziert (als Personalaufwand), obwohl noch kein direkter Cash-Abfluß erfolgt ist. Das FASB vertritt die Auffassung, daß durch die Arbeitsleistung des Mitarbeiters ein Vermögensgegenstand geschaffen wird, der der Vergabe von Aktienoptionen gegenübersteht. Die Gegenbuchung erfolgt als Kapitalrücklage. Im Rahmen der Vergleichbarkeit von Jahresabschlüssen im intern. Geschäftsbereich wird eine Übernahme der Regelungen des SFAS diskutiert.

Der Schwerpunkt in der steuerlichen Betrachtungsweise liegt bei der Frage, ob die Option bei der Einräumung oder Ausübung des Optionsrechts zu erfolgen hat.

Bei einer Besteuerung im Zeitpunkt der Einräumung ist grundsätzlich von handelbaren Optionen auszugehen, da deren Preis am Markt bestimmbar ist. Ansonsten kann für die Besteuerung von nicht handelbaren Optionen nur die Endbesteuerung in Betracht kommen, da angenommen wird, daß bei Einräumung der Wert der Option nicht zu ermitteln ist und noch kein geldwerter Vorteil entstanden sein kann.

Im Hinblick auf die Globalisierung wäre es nur wünschenswert, wenn sich internationale Standards auch auf dem deutschen Markt etablieren könnten.

Quellenverzeichnis

A. Literatur

1. Bücher

Baums, Theodor: Aktienoptionen für Vorstandsmitglieder, in: Festschrift für Carsten Peter Claussen; Martens, Hans-Peter/Westermann, Harm Peter/Zöllner, Wolfgang (Hrsg.), Carl Heymanns Verlag KG, Köln, Berlin, Bonn, München, 1997, S. 3-48.

Breker, Norbert: Optionsrechte und Stillhalterverpflichtungen im handelsrechtlichen Jahresabschluß, 1993, S. 176.

Bühler, Wolfgang: Prinzipien der Bewertung von Optionen, in: Optionen und Futures; Göppel, H./Bühler W./von Rosen, R. (Hrsg.), Frankfurt am Main, 1990, S. 65-78.

Copeland/Weston: Financial Theory and Corporate Policy, 3. Auflage, 1988, S. 667.

Döllerer, Georg: [Die Kapitalrücklage], Die Kapitalrücklage der Aktiengesellschaft bei Ausgabe von Optionsanleihen nach Handelsrecht und Steuerrecht, 1986, S. 238.

von Einem, Christoph: Stock Options: Eine aktuelle Gestaltungsform der Mitarbeiterbeteiligung für Wachstumsunternehmen, in: Gestaltung und Analyse in der Rechts-, Wirtschafts- und Steuerberatung von Unternehmen; Haarmann, Hemmelrath & Partner (Hrsg.), Verlag Dr. Otto Schmidt, Köln, 1998, S. 392-394.

Franke, Günther/Hax, Herbert: Finanzwirtschaft des Unternehmens und Kapitalmarkt, 3. Auflage, Berlin, Heidelberg, 1994, S. 370.

Herzig, Norbert: Steuerliche Konsequenzen von Aktienoptionsplänen, in: Unternehmensorientierte Entlohnungssysteme; Pellens, Bernhard (Hrsg.), 1998, S. 176.

Kieso, Donald/Weygandt, Jerry: Intermediate Accounting, 9. Auflage, New York, 1998, S. 859-860.

Pellens, Bernhard/Crasselt, Nils/Rockholtz, Carsten: Wertorientierte Entlohnungssysteme für Führungskräfte, in: Unternehmensorientierte Entlohnungssysteme; Pellens, Bernhard (Hrsg.), 1998, S. 3.

Perridon, Louis/Steiner, Manfred: Finanzwirtschaft der Unternehmung, 1997, S. 324.

Rappaport, Alfred: Shareholder Value: Ein Handbuch für Manager und Investoren, 2. Auflage, Stuttgart, 1999, S. 1.

Rappaport, Alfred: Shareholder Value, 1995, S. 58-62.

Dr. Seibert, Ulrich: Stock Options für Führungskräfte, in: Unternehmensorientierte Entlohnungssysteme; Pellens, Bernhard (Hrsg.), 1998, S. 36.

2. Zeitschriftenaufsätze

Dr. Aha, Christof: Ausgewählte Gestaltungsmöglichkeiten bei Aktienoptionsplänen, BB, 1997, S. 2225.

Prof. Dr. Assmann, Heinz-Dieter: Rechtsanwendungsprobleme des Insiderrechts, AG, 1997, S. 58.

Baums, Theodor: Stellungnahme zur Aktienrechtsreform 1997, AG, Sonderheft zu Heft 8, 1997, S. 26-38.

Bernhardt, Wolfgang/Witt, Peter: Stock Options und Shareholder Value, ZfB, 67. Jg., 1997, S. 85, 87- 88.

Black, Fischer/Scholes, Myron: The Pricing of Option and Corporate Liabilities, in: Journal of Political Economy, Vol. 81, 1973, S. 637-654.

Dr. Bredow, Günther: Mustervereinbarung zu Aktienoptionsplänen für das Management und leitende Angestellte (Stock Option Plans), DStR, 1998, S. 380.

Bühner, Rolf: Möglichkeiten der unternehmerischen Gehaltsvereinbarung für das Top-Management, DB, 1989, S. 2181ff.

Dr. Claussen, Carsten: Aktienoptionen – eine Bereicherung des Kapitalmarktrechts, WM, 1997, S. 1826.

Dr. Claussen, Carsten: Wie ändert das KonTraG das Aktiengesetz?, DB, 1998, S. 186.

Dr. Dautel, Ralph: Steueroptimale Gestaltung von Mitarbeiter-Aktienoptionen, INF, 1999, S. 368.

Prof. Dr. Drukarczyk, Jochen/Dr. Schwetzler, Bernhard: Mitarbeiterbeteiligung und Unternehmensfinanzierung, DB, 1990, S. 1777.

Dr. Eckert, Ralf: Besteuerung von Stock Options, DB, 1999, S. 2490ff.

Ellig, Bruce: Incentive Plans. Over the Long Term, in: Compensation Review, Vol. 16, 1984, S. 39ff.

Feddersen, Dieter: Beteiligung von Führungskräften am AG-Kapital, ZHR 161, 1997, S. 275, 277-278, 283, 287.

Fuchs, Andreas: Aktienoptionen für Führungskräfte und bedingte Kapitalerhöhung, DB, 1997, S. 664.

Haas, Werner/Pötschan, Hermann: Ausgabe von Aktienoptionen an Arbeitnehmer und deren lohnsteuerliche Behandlung, DB, 1998, S. 2138ff.

Prof. Dr. Herzig, Norbert: Steuerliche und bilanzielle Probleme bei Stock Options und Stock Appreciation Rights, DB, 1999, S. 2.

Hüffer, Uwe: [Aktienbezugsrechte], Aktienbezugsrechte als Bestandteil der Vergütung von Vorstandsmitgliedern und Mitarbeitern – gesellschaftsrechtliche Analyse, ZHR 161, 1997, S. 215.

Isensee, T.: Mitarbeiteraktienoption – mehr als eine steuerliche Gewinnchance?, DStR, 1999, S. 143.

Jasper, Thomas/Wangler, Clemens: Irrelevanz der steuerlichen Behandlung von Stock Options beim Begünstigten, Finanz Betrieb, 1999, S. 113ff.

Dr. Kallmeyer, Harald: Aktienoptionspläne für Führungskräfte im Konzern, AG, 1999, S. 99ff.

Kau, Wolfgang/Leverenz, Niklas: Mitarbeiterbeteiligung und leistungsgerechte Vergütung durch Aktien-Options-Pläne, BB, 1998, S. 2271ff.

Knoll, Leonard: Stock Options vor den Schranken deutscher Finanzgerichtsbarkeit, DStZ, 1999, S. 242.

Knoll, Leonard: Aktienoptionsprogramme im Vergleich, Personalwirtschaft, 1997, S. 36.

Kohler, Klaus: Beteiligung von Führungskräften am AG-Kapital, ZHR 161, 1997, S. 249-254.

Legerlotz, Christoph/Dr. Laber, Jörg: Arbeitsrechtliche Grundlagen bei betrieblichen Arbeitnehmerbeteiligungen durch Aktienoptionen und Belegschaftsaktien, DStR, 1999, S. 1658.

Lutter, Marcus: Aktienoptionen für Führungskräfte – de lege lata und de lege ferenda, ZIP, 1997, S. 1-9.

Martens, Klaus-Peter: Eigene Aktien und Stock Options in der Reform, ZIP, Sonderheft zu Heft 8, 1997, S. 83-90.

Dr. Menichetti, Marco J.: Aktienoptionsprogramme für das Top-Management, DB, 1996, S. 1688ff.

Murphy, P.: Journal of Accounting and Economics, 1985, S. 11.

Neyer, Wolfgang: [Zuflußzeitpunkt], Zuflußzeitpunkt und betragsmäßige Bestimmung des Arbeitslohns bei Arbeitnehmer-Aktienoptionen – Argumente der traditionellen Auffassung auf dem Prüfstand, DStR, 1999, S. 1637.

Dr. Oser, Peter: Bilanzierung eigener Aktien in Handels- und Steuerbilanz auf dem Boden des KonTraG, StB, 1999, S. 378.

o.V.: The Corporate Board, Jan./Feb. 1997 (Vol. XVIII Nr. 102), S. 26.

o.V.: Der Vorteil von Aktienoptionen ist in Frankreich beschränkt, FAZ v. 17.06.1996, S. 17.

o.V.: Aktienoptionen erst beim Verkauf der Aktien besteuern, FAZ v. 02.09.1999, S. 20.

o.V.: Auch Topmanager wollen motiviert werden, Die Welt v. 12.11.1998, S. U4.

o.V.: Sozialversicherung; beitragsrechtliche Behandlung von Aktienoptionen, NWB, Nr. 42 v. 18.10.1999, S. 3854.

o.V.: Referentenentwurf zur Änderung des Aktiengesetzes, ZIP, 1996, S. 2138.

o.V.: Zum Lohnzufluß bei Aktienoptionen, DStR, 1999, S. 1524.

Dr. Pellens, Bernhard/Crasselt, Nils: Bilanzierung von Stock Options, DB, 1998, S. 217ff.

Dr. Peltzer, Martin: [Steuer- und Rechtsfragen], Steuer- und Rechtsfragen bei der Mitarbeiterbeteiligung und Einräumung von Aktienoptionen (Stock Options), AG, 1996, S. 310ff.

Dr. Pfaff, Dieter/Dr. Zweifel, Peter: Die Principal-Agent-Theorie, WiSt, 1998, S. 184ff.

Portner, Rosemarie: Mitarbeiter-Optionen (Stock Options): Gesellschaftsrechtliche Grundlagen und Besteuerung, DStR, 1997, S. 786.

Portner, Rosemarie: Lohnsteuerliche Behandlung der Gewährung von Stock Options durch die ausländische Muttergesellschaft, DStR, 1997, S. 1876ff.

Portner, Rosemarie/Bödefeld, Axel: Besteuerung von Arbeitnehmer-Aktien-Optionen, DStR, 1995, S. 629, 632.

Dr. Rammert, Stefan: [Bilanzierung nach US-GAAP], Die Bilanzierung von Aktienoptionen für Manager-Überlegungen zur Anwendung von US-GAAP im handelsrechtlichen Jahresabschluß, Die Wirtschaftsprüfung, 1998, S. 767-769.

Dr. Schmid, Hubert/Dr. Wiese, Götz Tobias: Bilanzielle und steuerliche Behandlung eigener Aktien, DStR, 1998, S. 993ff.

Schneider, Uwe: Aktienoptionen als Bestandteil der Vergütung von Vorstandsmitgliedern), ZIP, 1996, S. 1769-1776.

Dr. Seibert, Ulrich: KonTraG-Der Referenten-Entwurf zur Aktienrechtsnovelle, WM, 1997, S. 9.

Winter, Stefan: Zur Eignung von Aktienoptionsplänen als Motivationsinstrument für Manager, ZfbF, 1998, S. 1121.

3. Kommentare

Adler, Hans/Düring, Walter/Schmaltz, Kurt: Rechnungslegung und Prüfung der Unternehmen, Kommentar zum HGB, AktG, GmbHG, PublG nach den Vorschriften des Bilanzrichtlinien-Gesetzes, 6. Auflage, Teilband 6, 1998, § 246 HGB, Rn. 373.

Beck'scher Bilanzkommentar, Handels- und Steuerrecht – §§ 238 bis 339 HGB – bearb. von Budde, Wolfgang/Clemm, Hermann/Ellrott, Helmut/ Förschle, Gerhart/Schnicke, Christian, 3. Auflage, 1995, § 246, Rn. 101.

Drenseck, W., in: Schmidt, Einkommensteuergesetz; Kommentar, 18. Auflage, 1999, § 38 EStG, Rz. 9.

Handbuch der Rechnungslegung, Kommentar zur Bilanzierung und Prüfung, Band Ia; Küting, Karlheinz/Weber, Claus-Peter (Hrsg.), 4. Auflage, 1995, § 272, Rn. 57.

Prof. Dr. Assmann, Heinz-Dieter, in: Wertpapierhandelsgesetz. Kommentar, Assmann, Heinz-Dieter/Schneider, Uwe (Hrsg.), § 12, Rn. 34, Köln, 1995.

4. Lexika

Praxis des Rechnungswesens, Haufe Verlag.

B. Verwaltungsanweisungen

1. BMF-Schreiben

BMF-Schreiben v. 2.12.1998 – IV C 6 – S 2741 – 12/98, Steuerrechtliche Behandlung des Erwerbs eigener Aktien.

C. Rechtsprechung

1. Steuergerichte

a) BFH

BFH-Urteil v. 23.07.1999, VI B 116/99, DStR, 1999, S. 1525.

BFH-Urteil v. 19.07.1996, VI R 19/96, BFH/NV 1997, 179.

BFH-Urteil v. 23.10.1992, VI R 62/88, BStBl. II 1993, 117 (118).

BFH-Urteil v. 14.12.1988, I R 44/83, BStBl. II 1989, 323 (325).

BFH-Urteil v. 26.10.1987, GrS 2/86, BStBl. II 1988, 348 (352).

BFH-Urteil v. 7.8.1987, VI R 53/84, BStBl. II 1987, 822 (823).

BFH-Urteil v. 22.3.1985, VI R 170/82, BStBl. II 1985, 529 (530).

BFH-Urteil v. 26.07.1985, VI R 200/81 BFH/NV 1986, 306.

BFH-Urteil v. 10.3.1972, VI R 278/68, BStBl. II 1972, 596 (597).

BFH-Urteil v. 22.2.1963, VI 165/61 U, BStBl. III 1963, 306 (307).

BFH-Urteil v. 2.3.1962, VI 255/60 U, BStBl. III 1962, 214 (216).

b) FG

FG München v. 11.01.1999, 8 V 3484/98, NZB eingelegt, Az. BFH: VI B 63/99.

FG Köln v. 9.9.1998, 11 K 5153/97, EFG 1998, S. 1634.

2. Sozialgerichte

Urteil des BSG v. 01.12.1997, Az. 12.

3. Zivilgerichte

Urteil des OLG Stuttgart v. 12.08.1998 - 20 U 111/97.

Urteil des LG Frankfurt/Main v. 10.02.1997 - 3/1 O 19/96.

D. Internet

http://www.merkur.de/arciv/texte/0000001012.htm: „Wo jeder profitiert",
vom 17. Dezember 1997.

http://www.wiwi.uni-regensburg/Scherrer/edu/opi/aktienrueckkauf.html

E. Sonstige Quellen

- **Datenbank Blättchen & Partner AG**

- **FASB**, Original Pronouncements, Accounting Standards as of June 1, New York, Vol. 1, 1997, S. 1754-1841.

- **FASB**, Original Pronouncements, Accounting Standards as of June 1, New York, Vol. 2, 1997, S. 283-294.

- **Arthur Andersen**-Human Capital Services, Seminarvortrag zum Thema: Erfolgreiche Einführung von Mitarbeiterbeteiligungsmodellen.

- **Bogenschütz, Eugen**: Das amerikanische Vorbild: Strukturen, Bilanz- und Steuerrecht, in: Jahrestagung der Fachanwälte für Steuerrecht, Wiesbaden, 1998, S. 442.

- **von Einem, Christoph**: Pflichten nach dem Wertpapierhandelsgesetz im Zusammenhang mit Stock Options, in: Jahrestagung der Fachanwälte für Steuerrecht, Wiesbaden, 1998, S. 525.

- **von Einem, Christoph**: [Gesellschaft- und schuldrechtl. Stock Options], Gesellschaft- und schuldrechtliche Stock Options und vergleichbare Strukturen bei börsennotierten und nicht börsennotierten Gesellschaften in Deutschland (unter Berücksichtigung des KonTraG), in: Jahrestagung der Fachanwälte für Steuerrecht, Wiesbaden, 1998, S. 455.

- **Rapp, Arnold**: Vortrag zum Thema: Besteuerung von Stock Options aus Sicht des Mitarbeiters, Seminar, Management Circle, Frankfurt, 13./14. Dezember 1999, S. 3, 17.

- **Reinholz, Jürgen**: Vortrag zum Thema: Besteuerung von Stock Options in ausgewählten Ländern, Seminar, Management Circle, Frankfurt, 13./14. Dezember 1999, S. 40-47.

- **TelDaFax Aktiengesellschaft**: Verkaufsprospekt/Unternehmensbericht vom 29. Juni 1999, Marburg, S. 4ff.

Anhang A

Analyse der Vergütungssysteme der Neuemissionen 1998

49% der Vergütungssysteme der Börseneinführungen des Jahres 1998 sind an die Aktienperformance gebunden.

NEUEMISSIONEN 1998 MIT MANAGEMENTOPTIONSPROGRAMMEN

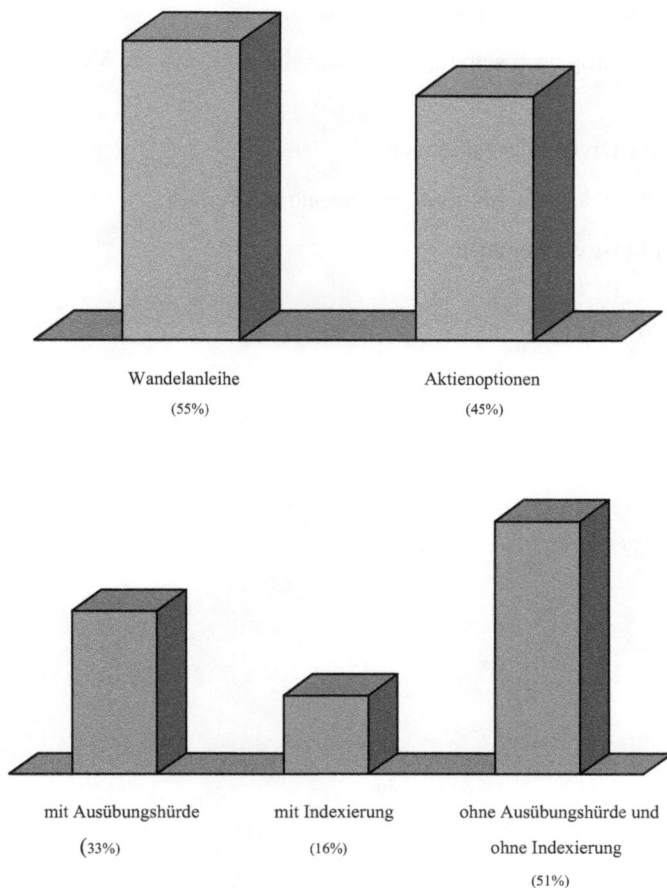

Wandelanleihe   Aktienoptionen

(55%)   (45%)

mit Ausübungshürde   mit Indexierung   ohne Ausübungshürde und

(33%)   (16%)   ohne Indexierung

(51%)

Quelle: Datenbank Blättchen & Partner AG

Anhang B
Prämissen des Grundmodells von Black und Scholes:

- Die Wertentwicklung des Aktienkurses folgt einer geometrischen Brownschen Bewegung.

- Es bestehen keine Leerverkaufsbeschränkungen.

- Der Soll- und Habenzinssatz sind identisch und konstant.

- Transaktionskosten und Steuern sind vernachlässigbar.

- Die Option muß europäisch sein, d.h. eine Ausübung ist nur am Verfallstag möglich.

- Es erfolgen keine Dividendenzahlungen.

- Die Veränderungen des Aktienkurses sind log-normalverteilt.

- Der Kapitalmarkt ist vollkommen.

Quelle: Perridon/Steiner, Finanzwirtschaft der Unternehmung, 1997.

Anhang C
Argumente für echte und virtuelle Eigenkapitalinstrumente

Echte Eigenkapitalinstrumente		Virtuelle Eigenkapitalinstrumente	
Belegschaftsaktien	Stock Options	Stock Appreciation Rights	Phantom Stock

- Gemeinsames Interesse der Aktionäre und Begünstigten an Aktienkurssteigerungen
- Nutzung eines durch den Markt objektivierten Performancemaßstab, wobei jedoch offen bleibt, ob der Börsenkurs die Leistung der Manager objektiv widerspiegelt
- Steigerung der Identifikation der Führungskräfte mit dem Unternehmen
- Möglichkeit der längerfristigen Bindung der Begünstigten an das Unternehmen
- Kürzung des Fixgehalts durch aktienkursorientierte Entlohnung führt zu einer Erhöhung des (unsystematischen) Risiko für das Management
- Möglichkeit von „windfall profits" bzw. „windfall losses" bei fehlender Indexierung
- Steigerung der Unternehmensattraktivität auf dem internationalen Markt für Führungskräfte

Echte	Virtuelle
• Je nach Ausgestaltung keine steuerliche Abzugsfähigkeit	• Steuerliche Abzugsfähigkeit als Personalaufwand
• Rechtliche Komplexität durch Hauptversammlungsbeschluß	• Rechtlich einfache Konstruktionsmöglichkeiten
• Entlohnung wird unmittelbar von Aktionären durch Verwässerung des Aktienkurses getragen	• Entlohnung führt zu Liquiditätsabfluß im Unternehmen am Programmende
• Durch Kapitalerhöhung zur Ausgabe der Aktien bzw. Bedienung der Optionen Liquiditätszufluß	• Keine unmittelbare Verwässerung des Aktienkurses
• Kapitalerhöhung mit geringen Transaktionskosten	• Keine Zuführung neuen Eigenkapitals

Belegschaftsaktien	Stock Options	Phantom Stock
• Beteiligung auch an sinkenden Kursen	• Management wird einseitig nur an steigenden Aktienkursen beteiligt • Meist relativ komplexe und intransparente Konstruktionsform	• Beteiligung auch an sinkenden Kursen

Quelle: Pellens, Bernhard, Unternehmensorientierte Entlohnungssysteme, 1998.

Anhang D

US-Manager verdienen mehr – Vergütungen der Vorstandschefs in der Automobilindustrie

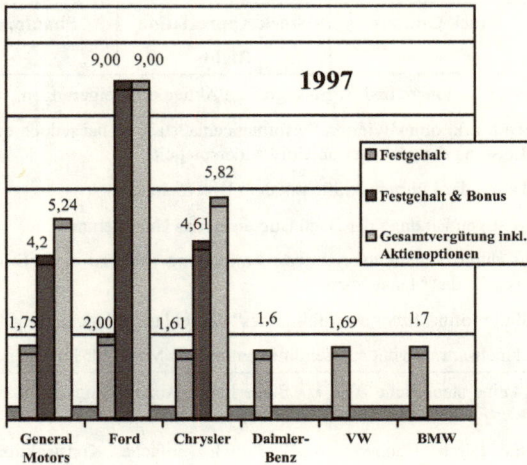

1997

- Festgehalt
- Festgehalt & Bonus
- Gesamtvergütung inkl. Aktienoptionen

General Motors: 1,75 / 4,2 / 5,24
Ford: 2,00 / 9,00 / 9,00
Chrysler: 1,61 / 4,61 / 5,82
Daimler-Benz: 1,6
VW: 1,69
BMW: 1,7

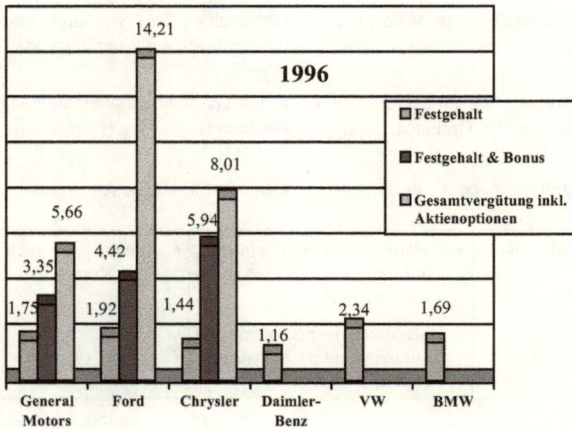

1996

- Festgehalt
- Festgehalt & Bonus
- Gesamtvergütung inkl. Aktienoptionen

General Motors: 1,75 / 3,35 / 5,66
Ford: 1,92 / 4,42 / 14,21
Chrysler: 1,44 / 5,94 / 8,01
Daimler-Benz: 1,16
VW: 2,34
BMW: 1,69

• alle Angaben in Mio. US-Dollar

Quelle: Die Welt vom 12.11.1998: Auch Topmanager wollen motiviert werden, S. U4

Anhang E

Vor- und Nachteile der verschiedenen Möglichkeiten von Mitarbeiter-
beteiligungen

	Bonus-/ Tantieme-regelung	Stille Beteiligung	Genußrecht bzw. Genuß-schein	Gesell-schafts-rechtliche Beteiligung	Aktien-optionen
Steuerl. Förderung (§ 19a EStG)	Nein	Ja (typ.); Nein (atyp.)	Ja	Ja (Aktie, GmbH-Anteil)	Nein
Einfachheit	Ja	Mittel	Mittel	Nein	Nein
Langfristige Kapitalzufuhr	Nein	Ja	Ja	Ja	Ja
Breiter Einsatz	Ja	Ja	Ja	Nein	Ja
Motivations-effekt	Gering	Mittel	Mittel	Groß	Groß
Risiko (Arbeit-nehmer)	Nein	Beteiligungs-verlust	ggf. Verlust	Beteiligungs-verlust	Nein
Finanzieller Einsatz des Arbeitneh-mers	Nein	Nicht zwingend	Nicht zwingend	Nicht zwingend	Nicht zwingend
Übertrag-barkeit	Nein	Ja	Ja	grds. Ja	grds. Ja
Einfluß un-tern. Ent-scheidung	Nein	Nein	Nein	Ja	Nein
Eignung für junge U.	Ja	Ja	Ja	Ja	Ja
Verwässer-ung	Nein	Nein	möglich	Ja	Ja
Bewertungs-probleme	Nein	Nein	Nein	Nein	Nein

Quelle: von Einem, Christoph: [Gesellschaft- und Schuldrechtl. Stock Options], S. 445.

www.ingramcontent.com/pod-product-compliance
Lightning Source LLC
Chambersburg PA
CBHW020844210326
41598CB00019B/1965